UN LACHE

DRAME EN CINQ ACTES

Représenté pour la première fois à Paris, sur le théâtre de
l'Ambigu-Comique, le 28 février 1873.

EN VENTE

A LA MÊME LIBRAIRIE :

LE PORTIER DU N° 15, drame en cinq actes, par M. FRANTZ BEAUVALLET. Préface de M. LÉON BEAUVALLET. — Un volume in 18............ 2 fr.

LE FORGERON DE CHATEAUDUN, drame en cinq actes, par M. FRANTZ BEAUVALLET. Préface de M. LÉON BEAUVALLET. — Un volume in-18...... 2 fr.

LES POMMES D'OR, féerie en trois actes et dix-huit tableaux, par MM. CHIVOT DURU et BLONDEAU-MONRÉAL. — Une brochure in-4°............... 50 c.

LA FILLE DE MADAME ANGOT, opéra-comique en trois actes, paroles de MM. CLAIRVILLE, SIRAUDIN et KONING, musique de CH. LECOQ. — Un vol. in-18. 2 fr.

LES QUATRE SERGENTS DE LA ROCHELLE, drame en trois actes, de MM. DELABOULLAYE et JULES. — Un volume in-18................................ 2 fr.

DANIEL MANIN, drame en cinq actes et huit tableaux, par MM. D'HARMENON et de LORBAC. — Un volume in-18............................... 2 fr.

ALFRED TOUROUDE

UN LACHE

DRAME EN CINQ ACTES ET SIX TABLEAUX

EN PROSE

PRIX : 2 FRANCS

PARIS

TRESSE, LIBRAIRE-ÉDITEUR

GALERIE DE CHARTRES, 10 ET 11

AU PALAIS-ROYAL

MDCCCLXXIII

UN LACHE

ACTE PREMIER

La scène se passe chez la comtesse de Hervilliers, en son petit hôtel de l'avenue Friedland. — Au premier plan, le jardin. Au fond, à gauche, l'entrée de la maison d'habitation : Salle ouverte à laquelle on monte par des escaliers latéraux. — Au fond, les salons pleins de fleurs et de lumières.

SCÈNE PREMIÈRE.

GASTON, FLASTIGNAC, LE COMMANDANT, JOLIBOIS.

FLASTIGNAC.

Mais non, monsieur, mais non, je ne permettrai pas...

JOLIBOIS.

Mon cher monsieur de Flastignac...

LE COMMANDANT.

Vous ne pouvez pas permettre, vous avez parfaitement raison.

UN LACHE

FLASTIGNAC.

Mais il est évident que j'ai parfaitement raison.

GASTON.

Finissons cela, je vous en prie.

FLASTIGNAC.

Ah! je n'accepterai pas d'excuse... On ne rit pas au nez des gens lorsqu'on n'est pas d'humeur à leur répondre comme il convient entre gens d'honneur. Je suis l'insulté... j'exige une réparation.

GASTON.

Assez, n'est-ce pas?

LE COMMANDANT.

Il ne fallait pas rire... on ne rit pas quand on ne veut pas se battre... Je ne ris jamais quand je ne veux pas me battre.

(Simonin paraît.)

JOLIBOIS.

Mais il n'y a pas sujet de duel, voyons.

LE COMMANDANT.

Je me suis battu pour moins que cela en 1837.

FLASTIGNAC.

Il suffit que les façons de monsieur ne soient pas de mon goût, il me semble.

GASTON.

Ah! j'ai dit que c'était assez. J'ai souri en vous voyant passer, j'en conviens. Vous tenez à prendre mon sourrire pour une insulte, soit.

FLASTIGNAC.

Il est heureux que vous reconnaissiez être un impertinent.

GASTON.

Je suis tout à fait impertinent, j'en conviens.

LE COMMANDANT.

Il était inutile de le dire, on le voyait bien.

GASTON.

J'attendrai vos témoins.

SCÈNE II.

LES MÈMES, SIMONIN.

SIMONIN.

Arrêtez, messieurs, je vous en prie.

LE COMMANDANT.

Qu'est-ce que c'est ?

SIMONIN.

Arrêtez.

JOLIBOIS.

Pardon, monsieur, mais on ne se jette pas ainsi dans une affaire…

LE COMMANDANT.

Vous n'avez pas le droit…

JOLIBOIS.

Pardon, monsieur ; mais ce que vous faites là n'est pas admissible… les témoins seuls ont le droit d'arrêter un duel…

SIMONIN.

Si ce n'est pas mon droit de mettre fin à cette folie, c'est presque mon devoir.

FLASTIGNAC.

Monsieur, je ne vous permets pas de vous mêler à tout ceci…

SIMONIN.

Eh bien, monsieur, je me passerai de la permission… mais cette querelle va se terminer immédiatement.

LE COMMANDANT.

C'est incroyable, ma parole d'honneur.

FLASTIGNAC.

Il s'agit d'une affaire sérieuse…

SIMONIN.

Allons donc, laissez-moi tranquille, je connais votre affaire mieux que vous.

FLASTIGNAC.

Monsieur...

SIMONIN.

Vous allez voir si je me trompe... Vous avez passé une partie de la soirée à causer, à danser avec une petite femme blonde, sémillante, bavarde, charmante en somme. Au souper vous avez offert votre bras à cette dame, vous vous êtes assis près d'elle, vous avez redoublé de grâce et de verve... Peut-être bien qu'en parlant beaucoup, vous avez beaucoup bu... oh ! ce n'est pas une critique, tous les grands orateurs boivent en parlant... et comme dans vos conversations avec la dame, il n'avait été question que de courage, d'épée au vent, de toutes sortes de choses chevaleresques telles que expirer pour sa belle et mourir pour n'importe qui ; comme, d'un autre côté, vous étiez en cette bonne humeur qui vient de l'estomac, vous avez accepté pour excellente la première occasion venue : un sourire entrevu en passant, un rien, et vous voilà... Eh bien ! non, monsieur, non, c'est assez, vous n'irez pas plus loin.

FLASTIGNAC.

Parce que ?

SIMONIN.

Parce que je ne vous permets pas plus longtemps d'expirer pour madame Simonin, née de Beranville, votre adorable blonde, qui me fait l'honneur d'être ma femme.

FLASTIGNAC.

Ah ! bah !

GASTON.

Pour moi, mon cher monsieur Simonin, je ne saurais qu'obéir à vos ordres.

FLASTIGNAC.

Permettez cependant...

SIMONIN.

Mais pas du tout, je ne permets à personne de se battre pour ma femme...

FLASTIGNAC.

Mais je suis insulté...

SIMONIN.

Oh !

GASTON.

Eh bien, monsieur, je me tiens à vos ordres... mais seulement si monsieur Simonin consent à vous servir de témoin.

S¹MONIN.

Oh ! bien, alors...

FLASTIGNAC.

Je ne ne saurais accepter...

GASTON.

Vous ne sauriez accepter autre chose, c'est entendu...

FLASTIGNAC.

Eh ! monsieur...

GASTON.

Bonsoir... (Donnant la main à Simonin.) J'aurai le plaisir de vous revoir, n'est-ce pas ? J'ai mille choses à vous dire... Rentrons, Richard.

SCÈNE III.

SIMONIN, FLASTIGNAC, LE COMMANDANT.

FLASTIGNAC.

Mais je ne veux pas que cela se termine ainsi....

SIMONIN.

Restez, restez, croyez-moi.

FLASTIGNAC.

Je félicite mon adversaire d'avoir des amis comme vous ; cela permet des retraites charmantes...

SIMONIN.

Vous dites?... Ah ! ça, voyons, mon cher monsieur, vous êtes d'une... comment dirai-je pour ne pas vous offenser?... d'une fatuité adorable, ou bien vous ne connaissez pas votre adversaire.

FLASTIGNAC.

Eh ! que m'importe...

SIMONIN.

Mais il devrait vous importer... à moins cependant que vous ne soyez un duelliste émérite...

FLASTIGNAC.

Mais...

LE COMMANDANT.

Cinq ans de salle ; une fine lame.

SIMONIN.

Je ne vous crois pas cependant de force à lutter avec monsieur Gaston de Saint-Harem.

FLASTIGNAC.

Ah! parbleu, si vous me choisissez un maître...

SIMONIN.

Mais je ne choisis personne... je vous parle de votre adversaire, tout simplement.

FLASTIGNAC.

Qui ça?... Le monsieur qui s'est permis?...

SIMONIN.

Gaston de Saint Harem, oui...

FLASTIGNAC.

Mon adversaire?... Ah! par exemple... Ah!... Ah! mon Dieu.

LE COMMANDANT.

Eh bien... Eh bien... vous ne le connaissiez donc pas !
(Il soutient Flastignac)

FLASTIGNAC.

Je ne sais ce que j'ai... mais je... Pourvu qu'il accepte des excuses. . Ah! je m'en vais, mon ami, je m'en vais.

SCÈNE IV.

LES MÊMES, MADAME SIMONIN, LE REPORTER.

MADAME SIMONIN.

Par ici, monsieur, par ici,

SIMONIN.

Là, dans le petit pavillon, il sera tranquille quelques minutes... Un verre de Porto.

(On emmène Flastignac. — Le reporter et madame Simonin descendent en scène.)

LE COMMANDANT, en sortant.

Deux verres de Porto. J'en prendrai un. Soyez tranquille.

LE REPORTER.

Mais il est blessé, ce jeune homme?... Le duel a eu lieu, parbleu ! ici, sous les fenêtres, au milieu des fleurs... Il y a là quinze lignes charmantes... Monsieur Flastignac, n'est-ce pas ?

MADAME SIMONIN.

De Flastignac, cher monsieur, de Flastignac. Baron.

LE REPORTER.

Vieille famille, sans doute ?

MADAME SIMONIN.

Il y a un de Flastignac qui est arrivé trop tard à la bataille de Pavie en l'année 1525 ; famille de Gascogne, anoblie en 1312 par Sa Majesté Louis dixième le Hutin, pour services rendus à l'intérieur du palais.

LE REPORTER.

Noblesse de garde-robe, alors !

MADAME SIMONIN.

Une demoiselle Aldegonde de Flastignac fut honorée des bonnes grâces d'Henri quatre. L'enfant n'a pas vécu, malheureusement pour la famille. — Monsieur de Flastignac, dernier du nom, est un parfait gentilhomme ; faisant courir, courant lui-même... Mais vous devez le connaître: c'est lui qui s'est fait jeter à terre par Castorine, aux dernières courses de Porchefontaine. C'est sa spécialité.

LE REPORTER.

Oh ! mais très-bien, très-bien. Il ne descend pas des croisés, mais il tombe de cheval.

MADAME SIMONIN.

Vous avez déjà parler de lui aussi à propos de la petite chose... une jolie blonde... celle qui avait ruiné ce pauvre vicomte de Hermoncourt.

LE REPORTER.

Ah! oui, oui. — Il s'est tué pour elle, l'imbécile.

MADAME SIMONIN.

Justement ! — Oh! monsieur de Flastignac, mais c'est un parfait gentilhomme.

LE REPORTER.

Je vois qu'il est de vos amis.

MADAME SIMONIN.

Il est de mon monde, voilà tout.

(Simonin reparaît.)

LE REPORTER.

Serait-il indiscret, chère madame, de vous demander à qui j'ai l'honneur ?...

MADAME SIMONIN.

Oh! Madame Simonin, née de Beranville, rien de plus.

LE REPORTER.

Enchanté... Pardon, deux mots à dire... un renseignement...

SCÈNE V.

Les Mêmes, SIMONIN

LE REPORTER, allant vivement à Simonin.

Pardon, monsieur... vous avez joué un rôle dans toute cette affaire, il me semble... Oserai-je vous demander quelques détails? D'abord, l'état de notre jeune homme?

SIMONIN.

Oh! excellent, monsieur... tout à fait excellent.

LE REPORTER.

Ah ! tant mieux, tant mieux. C'est bien monsieur de Saint-Harem, n'est-ce pas, qui était l'adversaire de ce cher de Flastignac ?

SIMONIN.

Oui, monsieur, mais...

LE REPORTER.

Oh! je ne vous demande pas ce que c'est que monsieur de Saint-Harem... il est connu de reste... C'est un chevalier perdu dans notre civilisation prosaïque .. la meilleure épée

de France... gentilhomme accompli... se sachant le droit et
le devoir de ne pas permettre un sourire après qu'on a pro-
noncé le nom de quelqu'un des siens... Mais à dix-sept ans,
il avait déjà tué son homme... haut comme cela, c'était déjà
un virtuose de l'épée... Le Mozart de l'escrime... Oh! je
savais devoir en parler tôt ou tard et je sais ce que j'en dirai,
soyez tranquille.—Mais la cause de la querelle, je vous prie?

SIMONIN.

Oh! un sourire de monsieur de Saint-Harem mal interprété
par monsieur de Flastignac un peu ému .. quelques paroles...
une réponse piquante...

LE REPORTER.

Un mot spirituel, parbleu. Dites-le, ne vous gênez pas.

SIMONIN.

Je ne me souviens pas tout à fait...

LE REPORTER.

Oh! bien, ne cherchez pas; je le ferai, voilà tout, je le
ferai.—Cher monsieur... madame... Oh! je vous reverrai..,
je vous présente mes salutations. (S'arrêtant.) Eh! parbleu, je
l'ai, le mot spirituel.—Ah! non, par exemple, non je ne vous
le dirai pas; vous n'achèteriez pas le journal!

SCÈNE VI.

SIMONIN, MADAME SIMONIN.

SIMONIN.

Vous connaissez ce jeune homme... un peu curieux?

MADAME SIMONIN.

Mais certainement. C'est la personne qui signe Fine-Oreille
à la *Gazette du matin.* Il n'y a que vous pour ne pas connaître les gens connus.

SIMONIN.

Un journaliste!... J'espère au moins que vous ne vous êtes
pas mise dans toutes ces histoires?...

MADAME SIMONIN.

Je n'avais pas besoin de m'y mettre après que le hasard
avait voulu que j'y fusse.

SIMONIN.

Vous lui avez dit que vous étiez au bras de monsieur de Flastignac ?

MADAME SIMONIN.

Rassurez-vous, je vous en prie… l'aventure n'a rien que de très honorable et je ne connais pas une femme qui ne puisse avouer qu'un gentilhomme n'a pas permis un sourire alors qu'il avait l'honneur d'être son cavalier.

SIMONIN.

Mais on va vous imprimer tout vive.

MADAME SIMONIN.

Oh ! c'est à peine si nos intimes sauront qu'il s'agit de moi ; grâce au nom que j'ai accepté de vous, je n'ai plus droit qu'aux initiales.

SIMONIN.

C'est déjà beaucoup… à mon avis du moins… A faire trop souvent parler de soi, on finit par se compromettre un peu.

MADAME SIMONIN.

On ne compromet que les petites gens.

SIMONIN

Eh ! je ne sache pas que nous soyons de si grands personnages.

MADAME SIMONIN.

Finissons, n'est-ce pas ? Je trouve de mauvais goût de rappeler si durement à mademoiselle de Béranville qu'elle a daigné ne plus être que madame Simonin. En tous cas, le reproche ne devrait pas venir de vous… Le moment est mal choisi d'ailleurs, vous ne devriez pas vous plaindre de ce qui arrive, on saura du moins que vous étiez chez madame la comtesse de Hervilliers, et cela ne vous nuira pas, soyez tranquille.

SIMONIN

Je n'en sais rien.

MADAME SIMONIN.

On ne dira pas de mal de moi, je vous le promets… et vous devriez être le premier à partager mon opinion sur ma personne et sur ma toilette.

SIMONIN.

Oh ! si vous faites de cela une affaire de coquetterie, je n'ai plus

qu'à m'incliner, j'en conviens... mais vous me permettrez de
trouver à part moi que tout cela doit être beaucoup plus
agréable à votre couturière qu'à votre mari. — Enfin, n'en-
tamez pas le chapitre des récriminations; je le connais, merci.

MADAME SIMONIN.

Vous devriez savoir que c'est un chapitre dialogué... Ne
dites jamais la première phrase, vous ne recevrez jamais la
réplique.

SIMONIN.

Vous auriez tort de vous fâcher. — Eh! mon Dieu, savez-
vous pourquoi d'abord, je serais heureux qu'on ne parlât pas
de ma femme dans les gazettes?... Eh bien, c'est parce qu'on
n'a jamais parlé de ma mère... et puis encore, c'est justement
parce que l'on parle beaucoup des gens chez lesquels vous
voudriez me voir fier d'être reçu... Eh bien non, j'y viens pour
vous faire plaisir, mais j'aimerais autant ne pas y venir.

MADAME SIMONIN.

On se déplaît toujours où l'on se sent déplacé.

SIMONIN.

Merci du compliment; c'est le premier que je reçois de vous,
mais il est bon. Mais votre madame de Hervilliers, tenez... vous
la mettriez à la porte de chez vous si c'était madme Durand...
Eh bien, vous ne me ferez jamais comprendre que les actions
qui deshonoreraient une bourgeoise ne souillent pas une comtesse... [Allons donc, l'âme n'a pas de titre, elle est saine ou
pourrie... on est honnête femme, ou bien on ne l'est pas!]
Non, mais vraiment, c'est me prendre pour je ne sais qui que
de m'ordonner la courbette et le respect dès que quelqu'un
passe qui est de ce que vous appelez le grand monde... Il y
a de braves gens partout, soit, mais trop souvent j'en cherche .. Mais regardez-le donc, votre grand monde. [il est de
très-bas empire, allez!] C'est duc, comte et marquis, mais
cela n'a pas cessé d'être Mascarille, Tartufe et Pasquin!
[Voulez-vous que j'en nomme dix, et des plus salués: Il y a
vingt ans, pas un n'avait un sou, pas un n'a travaillé, et tous
sont millionnaires... J'en sais qui donneraient six mois d'an-
goisses au pays pour se ménager six heures de tripotage à la
bourse... Autour de cela, c'est valetaille la main tendue..] Je
ne vous parlerai pas des femmes, n'est-ce pas? [on sait bien que
les corbeaux n'épousent guère des colombes... et puis,] vous
devez les connaître pour les coudoyer au bois les jours cou-

sacrés et pour les lorgner au théâtre les jours de premières: c'est à qui portera de la plus cavalière façon les costumes de Turlurette; si bien qu'on ne sait plus s'il faut saluer la maîtresse de vos ducs ou tutoyer vos duchesses. *

MADAME SIMONIN.

Vous êtes d'une verve adorable .. je regrette que vous n'ayez pas pour auditeur monsieur Gaston de Saint-Harem.

SIMONIN.

Ce qui veut dire, n'est-ce pas, que devant lui je ne dirais pas ainsi ma pensée.

MADAME SIMONIN.

C'est plaisir de causer avec vous, vous comprenez tout à demi-mot.

SIMONIN.

Il était très-facile de vous comprendre ; vous n'êtes malheureusement pas la première à dire que monsieur de Saint-Harem est le prétorien du grand monde d'aujourd'hui... Vous êtes sévère pour lui.

MADAME SIMONIN.

Permettez...

SIMONIN.

Certes, à défaut de bonnes raisons, une bonne épée est excellente... ce n'est pas d'aujourd'hui qu'on a remplacé autour de ses actions le silence du respect par le silence de la peur... mais je ne crois pas qu'il faille donner ce rôle à monsieur Gaston de Saint-Harem .. Oh ! ce n'est pas mon amitié pour lui qui me fait prendre sa défense... Je ne me connais pas encore le droit de ne point l'estimer, voilà tout... Cela viendra peut-être... Je vous demanderai de faire pour lui comme pour les autres: attendons.

(Depuis le commencement de cette scène des groupes se sont promenés sur la terrasse et dans le jardin.— Adrienne, jasant avec une jeune fille, est venue s'asseoir sur un banc. — Un jeune homme s'approche d'elles, dit quelques mots et s'éloigne, la jeune fille au bras. — Adrienne reste seule, rêveuse.)

MADAME SIMONIN.

Vraiment ?... Eh bien, tenez, j'ai presque envie d'oublier toutes vos folies à cause de vos dernières paroles. Elles sont bien sincères, au moins ?

* Les passages mis entre ce signe [ ] sont coupés au théâtre, *Censure.*

SIMONIN.

Vous savez que je ne dis que ce que je pense... ou bien je
me tais.

MADAME SIMONIN.

C'est votre meilleure façon d'être charmant... Voyons.
puisque vous ne détestez pas ce jeune homme et puisque vous
l'estimez un peu, qu'est-ce que vous diriez si je vous confiais
qu'il se montre fort aimable pour votre nièce Adrienne?

SIMONIN.

Allons donc...

MADAME SIMONIN.

Je vous dis la vraie vérité, vous savez.

SIMONIN.

Je dirais... Eh! parbleu, je dirais d'abord qu'Adrienne est
maîtresse de son choix... mais vous êtes si fort l'amie des
romans... Enfin, nous verrons bien.

MADAME SIMONIN.

Vous m'offrez le bras? .. Prenez garde, vous allez avoir
une querelle.

SIMONIN.

Moi?

MADAME SIMONIN.

Et vous vous ferez mettre dans le journal.

SCÈNE VII.

ADRIENNE, GASTON.

(Contemplant Adrienne rêveuse, Gaston laisse partir monsieur et
madame Simonin, puis il descend lentement et vient s'appuyer
au dossier du banc.)

GASTON.

Une nuit adorable, n'est-ce pas, mademoiselle?

ADRIENNE.

Ah!

GASTON, presque gaiement.

Ne fuyez donc pas... Nous sommes dans le monde, vous voyez .. la causerie est donc toute simple et sans conséquences... Eh bien, causons en bons amis .. Ah ! je ne crois pas avoir fait quelque chose qui puisse me valoir une vilaine réponse...

ADRIENNE.

Sans doute, mais...

GASTON.

Vous aimeriez mieux rêver encore, n'est-ce pas?... Eh bien, c'est justement ce que je ne veux pas... Je vous regardais, moi, pendant que, vous, vous regardiez dans votre pensée, dans votre cœur peut-être... Vos grands yeux fixes semblaient attendre une apparition déjà vue... et, sur vos lèvres, j'ai vu passer un sourire d'une douceur et d'une grâce... Ah ! venir au devant de vous et voir éclore ce sourire-là, ce serait à devenir fou d'espérance.

ADRIENNE.

Pourquoi vous moquez-vous?

GASTON.

Moi? Non, je dis ce que je pense et jamais peut-être je ne fus plus sincère. Oh ! je sais bien ce que l'on dit de moi, je suis un railleur ; lorsque je ne peux pas atteindre jusqu'à l'esprit, je suis assuré du moins d'aller jusqu'à l'impertinence. Vous voyez que j'ai l'oreille fine... Ce sont propos de salon sur lesquels je n'accepte d'être jugé que par le vulgaire... mais je ne veux pas que vous ayez de moi l'opinion que je ne permets qu'aux indifférents... Je ne raillais pas tout à l'heure, croyez-le bien... Quand vous savez que je n'ai jamais permis un mot de moquerie sur ceux-là que j'aime, comment pourriez-vous me soupçonner de me permettre ce que je défends à tout le monde ?...

ADRIENNE.

Je suis donc de vos amis ?

GASTON.

Ah ! c'est à moi qu'il importe surtout de savoir si je suis des vôtres ?

ADRIENNE.

Pourquoi non ?

GASTON, très doux.

Prenez garde, vous ne savez pas quel ami je voudrais être...

ADRIENNE.

Il y en a donc de plusieurs sortes ?

GASTON.

Oui, je voudrais être le meilleur, le plus sincère et le plus dévoué... celui-là que l'on sent être un autre soi-même... celui qui est votre joie et votre consolation... celui-là de qui l'on se sait l'espérance, l'orgueil et la vie... celui de qui l'on ne refuse rien, ni l'âme, ni le sang, ni le nom.

ADRIENNE.

Monsieur...

GASTON.

Eh! mon Dieu, vous savez bien comment on appelle cet ami-là, le premier de tous, le véritable, l'éternel : l'époux, enfin.

(Adrienne se dresse. — Un silence.)

ADRIENNE.

Adieu, monsieur.

GASTON, suppliant.

Mademoiselle...

ADRIENNE.

Non, vous ne m'aviez demandé qu'à causer d'amitié.

GASTON.

Eh bien, oui, c'est d'amour que je parle, mais d'un amour qui a le droit de s'avouer hautement, parce qu'il est honnête et véritable. Je peux bien vous proposer mon cœur, puisque j'ai commencé par vous offrir mon nom.

ADRIENNE, debout, presque froide, nettement.

Vous savez bien que votre nom est au-dessus des espérances d'une jeune fille comme moi, vous ne pouvez donc pas croire que vos paroles me blessent... Mais je ne suis pas de celles qui se marient seulement pour être marquises ou baronnes. Vous m'aimez?... Je ne m'en doutais pas encore... Je ne sais que penser... Enfin vous n'espérez pas que je vais vous répondre aussi brusquement que vous m'interrogez...

GASTON.

Ah! vous savez déjà ce que vous me répondrez demain.

ADRIENNE.

Alors, à demain.

GASTON.

Mademoiselle...

ADRIENNE.

Je vous demande pardon, voici mon oncle.

(Elle salue et court vivement vers Simonin qui descend en causant
avec Roger.)

GASTON, à part.

Qu'est-ce qu'il faut penser?... Ah! je l'aime trop pour
jamais consentir à la perdre...

SCÈNE VIII.

Les Mêmes, SIMONIN, ROGER.

SIMONIN.

Ah! te voilà donc... il y a deux heures que nous te cherchons.

ADRIENNE.

Tu vois, je respirais un peu...

ROGER.

Vous allez bien?

ADRIENNE.

Oui. Et vous?

ROGER.

Très-bien... Comment voudriez-vous que je sois malade?
aujourd'hui est charmant et demain m'apparaît plus charmant encore ; c'est l'espérance qui est la santé.

(Elle prend son bras.)

ADRIENNE.

Vraiment?

ROGER.

Vous le savez bien.

ADRIENNE.

J'aime à vous le faire dire.

(Entrent des groupes.)

ROGER.

Merci.

GASTON, à part.

Ah ! le sourire... l'adorable sourire est revenu sur ses lèvres...

SIMONIN, souriant.

Là, me voilà libre, n'est-ce pas ?

(Il se dirige vers le fond.)

GASTON.

Je n'avais pas prévu cela... Ah ! Dieu veuille que je me trompe.

SIMONIN, au commandant.

Eh bien, notre jeune homme ?

LE COMMANDANT.

Oh ! les deux bouteilles de Porto que nous avons bues m'ont complétemeut ranimé.

SCÈNE IX.

LES MÊMES, **LA COMTESSE DE HERVILLIERS, LE COMMANDANT, MADAME SIMONIN, LE REPORTER, DE SAINT-HAREM,** INVITÉS.

LE REPORTER.

Eh ! le voilà, notre héros, chère comtesse, le voilà.

LA COMTESSE.

Mon cher Gaston, vraiment, il faut que je vous gronde.

GASTON.

Par exemple... Bah ! vous grondez si bien.

LA COMTESSE.

Mais c'est atroce ce que vous vouliez faire... Voilà mon hôtel qui a l'air d'être en Espagne à présent. Vouloir vous battre entre deux valses, sous mes fenêtres ?... Mais il y avait de la musique, mon pauvre ami ; vous auriez été tout simplement un personnage d'opérette... Et vous n'avez pas honte de jouer les d'Artagnan dans ce costume... Mais allez donc mettre une cape si vous ne voulez pas qu'on rie de votre épée.

LE REPORTER.

Vous savez que vous faites mon article.

LA COMTESSE.

Bah ! pour un mot que vous me prendrez, vous m'en prête-
rez cinquante.

GASTON.

Vous n'êtes pas généreuse, comtesse... Je sais que je suis
presque ridicule...

DE SAINT-HAREM.

Parfaitement.

GASTON.

Hein ?

DE SAINT-HAREM.

Mon Dieu, oui, monsieur mon fils, vous êtes parfaitement
ridicule...

GASTON.

Et pourquoi cela, monsieur mon père ?

DE SAINT-HAREM.

Mais parce que l'on ne doit pas jouer avec son épée si l'on
veut qu'elle sorte respectée au premier appel de l'honneur...
La femme de César ne devait jamais avoir fait jaser, l'épée
d'un gentilhomme ne doit jamais avoir fait sourire.

MADAME SIMONIN, à son mari.

Bien dit.

GASTON.

C'est justement ce que j'allais dire... Enfin, j'espère qu'une
plaisanterie sera pardonnée à un jeune homme.. Gaston
pourrait faire une folie, mais on sait bien que monsieur de
Saint-Harem est d'humeur plus sérieuse. Soyez tranquille, je
ne risquerai plus de compromettre mon épée... je la garde
désormais pour de plus rudes besognes...

DE SAINT-HAREM.

A la bonne heure.

GASTON, regardant Adrienne.

Je ne l'userai pas follement, la voulant solide contre ceux-
là qui marcheraient dans mon chemin.

ADRIENNE.

Ah !

DE SAINT-HAREM.

Vous lui pardonnez, j'espère?... Le voilà tragique à présent... Eh! mon Dieu, c'est ma faute, ou plutôt c'est la faute de toute la famille, que nous représentons tous les deux ; une famille exigeante... Vous léguer beaucoup d'honneur, c'est vous léguer beaucoup de devoir... Le moyen d'élever mon fils dans d'autres sentiments, après ce que j'ai vu dans ce siècle où rien n'est plus sacré?... L'esprit moderne a le mépris trop facile pour qu'il ne nous soit pas utile d'avoir, nous aussi, des facilités à lui répondre... Puisque des autres ont la langue de l'envieux ou la plume du pamphlétaire, il faut bien avoir l'épée du garde d'honneur... (Mauclerc paraît au fond.) Eh! mon Dieu, tout ce qui brille a besoin d'être gardé : le diamant et l'or contre les voleurs, la noblesse et l'honneur contre les jaloux!...

(Il aperçoit Mauclerc et se tait.)

SCÈNE X.

LES MÊMES, MAUCLERC.

MAUCLERC.

Madame...

LA COMTESSE.

C'est donc vous?... Vous n'avez pas de remords d'arriver à cette heure?...

MAUCLERC.

Vous raillez, certainement.

LA COMTESSE.

Enfin, vous voilà... tout vous est pardonné.

MAUCLERC.

Merci... Mais j'ai interrompu quelqu'un, je crois?

LA COMTESSE.

Monsieur de Saint-Harem, qui nous parlait de l'honneur dans des termes...

MAUCLERC.

Vraiment?

DE SAINT-HAREM.

Oui, je disais que sur le point d'honneur...

MAUCLERC.

Le fait est qu'il est déplorable de vivre en un siècle où l'on dit : en fait d'honneur, point d'honneur!

LA COMTESSE.

Ah! Comment l'entendez-vous?

MAUCLERC.

Oh! très bien... Continuez, monsieur, je vous en prie... Il ne peut être qu'intéressant d'entendre parler des choses par ceux qui les ont vues de près... Adam devait être très-éloquent, parlant du Paradis.

GASTON.

Mais il raille!

SCÈNE XI.

LES MÊMES, JOLIBOIS.

JOLIBOIS.

Mais arrivez donc, messieurs, arrivez donc.

LE REPORTER.

Quoi donc?

JOLIBOIS.

Madame la duchesse de Bertigny va chanter la *Gardeuse d'ours*.

LE REPORTER.

Ah! sapristi! Venez, mesdames, venez vite.

(On sort vivement.— Gaston est remonté pour parler à Mauclerc, il s'arrête en voyant son père qui salue.)

SIMONIN.

Décidément, oui... nous sommes dans le grand monde.

GASTON.

Allons, je suis fou... c'est mon amour qui me rend insensé... Il ne raillait pas, puisque mon père le salue.

RIDEAU.

ACTE II

(Un petit salon chez M. Simonin.)

SCENE PREMIERE.

MADAME SIMONIN, FLASTIGNAC, puis SIMONIN.

(Au lever dn rideau Flastignac se pose un journal à la main, lisant et commentant un article, madame Simonin l'écoute radieuse.)

FLASTIGNAC.

Mais arrivez donc, cher monsieur, arrivez donc.

SIMONIN.

Qu'est-ce qu'il y a?

MADAME SIMONIN.

C'est l'article de la gazette du matin ; un chef-d'œuvre.

FLASTIGNAC.

C'est fin, spirituel.

MADAME SIMONIN.

D'un goût exquis.

FLASTIGNAC.

C'est parisien; vous allez voir... Je recommence, n'est-ce pas ?

MADAME SIMONIN.

Certainement...

SIMONIN.

Voyons ce chef-d'œuvre.

FLASTIGNAC.

Ah! je vous préviens, par exemple, que c'est très-fin... faites attention, c'est très-fin.

SIMONIN.

Mais je ne suis pas un sot.

FLASTIGNAC.

Oh! ce n'est pas ce que j'ai voulu dire... J'ai seulement voulu vous prévenir que cela méritait votre attention... Ecoutez cela : « C'était au dernier bal de l'adorable comtesse de H... » Est-ce déjà joli, hein? « On venait de souper. » C'est mis en scène tout de suite. Un garçon de valeur, tenez, l'auteur de ces deux lignes-là.

SIMONIN.

Je ne dis pas non.

FLASTIGNAC.

« Comme nous descendions au jardin pour nous isoler un peu et prendre note des mots charmants que nous avions entendus... car décidément on n'a d'esprit que dans le grand monde... nous vîmes tout à coup passer un jeune homme pâle que soutenaient deux de ses amis. » C'est peint, on voit tout, c'est peint!...:« Quel était ce jeune homme? Que s'était-il passé? »

SIMONIN.

La suite au prochain numéro.

FLASTIGNAC.

« C'était un des gentlemans les plus connus du tout Paris des premières et du sport, l'inévitable baron de F..., celui de qui l'on a si bien dit qu'il ne pouvait pas s'échauffer un peu sans qu'aussitôt l'eau de la Garonne lui perle au front!... » Ah! ah! voilà qui est dit... il n'y a plus moyen de s'y tromper, c'est moi.

SIMONIN.

Oh! c'est tout à fait vous, j'en conviens.

FLASTIGNAC.

C'est d'une verve; ce n'est pas possible, cet homme-là met

du champagne dans son encrier. Je poursuis ; c'est de plus
fort en plus fort, vous allez voir... « Parce qu'il s'était imaginé que l'on avait osé rire de lui, le petit baron s'était
imaginé qu'il allait se battre en duel... » Vous voyez cela
d'ici. « Un duel dans ce merveilleux jardin que tout Paris
connaît, au milieu de ces magnolias légendaires, aux sons d'un
orchestre hors ligne... Le petit baron voulait bien faire les
choses, comme vous voyez :—décors de Cicéri, musique d'Hervé,
paroles des plus fins de nos railleurs ; — j'ai nommé l'adversaire, notre illustre Gaston de ***, la meilleure lame de Paris
et la meilleure langue aussi ! » Quelle allure vous a ce style,
hein ?... Je passe l'éloge de M. de Saint-Harem, n'est-ce
pas ?... « Bref, le petit baron a dû s'incliner devant l'arrêt
des témoins de sa rencontre... Ayant été raillé, il avait été
égratigné ; or, une égratignure est une petite blessure ; donc,
l'honneur était satisfait puisqu'il avait été blessé... Et voilà
comment, depuis vingt-quatre heures, M. de F... est le plus
intime des amis *in partibus* de notre vaillant Gaston de S... » -

SIMONIN.

Vous êtes content ?

FLASTIGNAC.

Moi ?... mais c'est évident ; je suis enchanté.

SIMONIN.

Eh bien, j'en suis bien aise...

FLASTIGNAC.

Ce n'est donc pas ravissant, à votre avis ?

SIMONIN.

Oui, c'est tout à fait ravissant... On parle de vous comme
on parlerait de n'importe quel pantin...

FLASTIGNAC.

Ah ! mais, permettez, permettez, il y a des nuances ; ce
sont les mêmes mots, mais il y a des nuances que nous sen-
tons très-bien, nous autres gens du monde.

SIMONIN.

Sans doute, mais ..

FLASTIGNAC.

Mais, dans ce qui me concerne personnellement, il y a un
mot très-vif, un mot qui serait blessant pour le premier
venu... Eh bien, c'est tout simplement adorable, parce que
c'est dit à propos de moi... Les nuances enfin, les nuances,
tout est là.

MADAME SIMONIN.

Mais c'est incontestable...

FLASTIGNAC.

Il n'y a pas à discuter.

SIMONIN.

Eh bien, ne discutons pas... j'aime autant cela.

MADAME SIMONIN.

Vous nous restez aujourd'hui, n'est-ce pas ?

SIMONIN.

Dame ! puisque vous m'en avez prié... Je ne sais pas encore à quoi je puis vous être bon, c'est vrai ; mais enfin, oui, je vous reste puisque vous le désirez.

FLASTIGNAC.

Il s'agit de choses extrèmement sérieuses, mon cher ami.

SIMONIN.

Ah ! vous savez... Eh bien, j'en suis bien aise.

MADAME SIMONIN.

Je dois recevoir des visites très-importantes.

FLASTIGNAC.

Oh !

MADAME SIMONIN.

En deux mots, voici tout notre secret : j'attends monsieur de Saint-Harem.

FLASTIGNAC.

Ah ! ah ! ah ! ah !

SIMONIN.

Et puis...

FLASTIGNAC.

Vous ne comprenez pas ?... Saint-Harem !... mon ami Gaston... car nous sommes à tu et à toi maintenant.

SIMONIN.

Eh bien, monsieur de Saint-Harem ?...

MADAME SIMONIN.

Monsieur de Saint-Harem m'a loyalement avoué son profond amour pour Adrienne ; je n'ai pas cru pouvoir lui cacher que c'était, selon moi, un honneur fort grand qu'il faisait à notre chère petite nièce... Enfin, j'attends sa visite.

FLASTIGNAC.

Voilà !

SIMONIN.

Comment, ce monsieur sait, dès à présent, que ses projets sont de votre goût?... La maison lui est déjà toute grande ouverte !...

FLASTIGNAC.

Mais on ne pouvait pas?...

SIMONIN.

Pardon, je n'ai pas fini. Vous êtes vous seulement inquiétée de l'avis d'Adrienne ? .. Eh bien, et moi ?... c'est ma maison que vous ouvrez à ce monsieur ; c'est ma parole que vous lui engagez presque... Il me semble que vous auriez pu me consulter, ne fût-ce que par respect pour nous deux.

MADAME SIMONIN.

Mais je n'ai pas cru un instant que vous puissiez ne pas être fier de voir votre nièce recherchée par un véritable gentilhomme.

SIMONIN.

Monsieur de Saint-Harem nous fait honneur , soit !... mais...

MADAME SIMONIN.

Vous devriez vous souvenir de ce que vous m'avez dit de ce jeune homme... vous l'avez défendu vous-même, devant moi, quand je faisais allusion à ce que l'on en dit sottement, chez ses envieux.

SIMONIN.

Je ne dis pas non...

MADAME SIMONIN.

Quel prétendant plus honorable espérez-vous donc ?... Il est bien de sa personne...

FLASTIGNAC.

Oh! mieux que moi encore !

MADAME SIMONIN.

Brave comme une épée des grands siècles, portant un beau nom et le portant bien...

FLASTIGNAC.

Oh! comme je porte le nom des Flastignac...

MADAME SIMONIN.

Je ne connais personne qui puisse ne pas être honoré d'être recherché par monsieur de Saint-Harem. . un homme doit être flatté de son amitié.

FLASTIGNAC.

Mais je m'en flattte!

MADAME SIMONIN.

Une femme ne peut être que fière de son amour.

FLASTIGNAC.

Mais qu'est ce que l'on peut demander de mieux, voyons?

SIMONIN.

Dame, je ne sais pas...

FLASTIGNAC.

Je crois bien que vous ne savez pas... L'homme le plus brave de France... Oh! je m'y connais... j'ai failli croiser l'épée avec lui... et je m'y connais... moi!

SIMONIN.

Permets-moi, ma chère amie....

FLASTIGNAC.

Et puis, quoi, votre nièce n'est pas une jeune fille exception-nelle... elle ne peut qu'être enchantée de devenir baronne...

SIMONIN.

C'est l'avis d'Adrienne qu'il faudrait connaître...

FLASTIGNAC.

Eh! parbleu, voilà deux heures qu'on vous le dit, l'avis d'Adrienne... elle ne peut qu'être enchantée!...

SIMONIN.

Eh! monsieur...

FLASTIGNAC.

Ah! j'espère que vous n'allez pas critiquer monsieur de Saint-Harem devant moi...

SIMONIN.

Soit, mais...

FLASTIGNAC.

C'est un si parfait gen'ilhomme que j'irai même jusqu'à

dire que si mademoiselle votre nièce ne l'aimait pas absolument, votre devoir serait de tout employer à la convaincre de ses véritables intérêts.

MADAME SIMONIN.

Il est bien évident en effet que nous devons des conseils à notre chère Adrienne ; il faut savoir faire comprendre aux gens où se peut trouver leur véritable bonheur.

SIMONIN.

Je n'y contredis pas, mais encore...

FLASTIGNAC.

Eh ! mon cher, il s'agit de toute la vie de votre nièce ; il faut absolument vous départir de toute faiblesse... Soyez homme, que diable ! Il y a des circonstances où surmonter son caractère conciliant et timide est une nécessité, absolue un devoir impérieux.

SIMONIN.

Vous croyez ?

FLASTIGNAC.

Mais parfaitement !

SIMONIN.

Merci. (Il sonne, un domestique entre.) Conduisez monsieur dans la serre.

FLASTIGNAC.

Moi ?

SIMONIN.

Je suis enchanté qu'un amateur comme vous daigne vouloir bien me donner son avis sur ma collection d'orchidées.

FLASTIGNAC.

Certainement, je...

SIMONIN.

Allez, allez, je vous rejoins dans cinq minutes... Deux mots à dire à ma femme... affaire intime .. et je suis à vous...

FLASTIGNAC.

Mais à votre aise, cher monsieur, à votre aise... (Sortant) Des orchidées ? Qu'est-ce que c'est que ça ? Enfin, je vais voir... Madame.

SCENE II.

SIMONIN, MADAME SIMONIN.

MADAME SIMONIN.

Vous êtes vraiment quelquefois, d'une impertinence...

SIMONIN.

C'est tout ce que j'ai pu gagner en m'alliant à la noblesse ; ne me le reprochez donc pas, je vous en prie.

MADAME SIMONIN.

Enfin, qu'avez-vous à me dire de si grave qu'il vous faille le tête-à-tête pour cela ?

SIMONIN.

Oh ! mon Dieu, ce que j'ai à vous dire est bien simple. Je suis fort honoré des projets de monsieur de Saint-Harem ; fortune, titre, personne, tout en lui est parfait.

MADAME SIMONIN.

Eh bien, alors...

SIMONIN.

Nous pouvons, nous devons presque dire à notre nièce tout ce que nous pensons de celui qui la recherche ; j'accorde même que nous puissions discuter avec elle et que nous n'épargnions rien pour lui faire partager notre manière de voir... mais je tiens absolument à vous faire souvenir qu'Adrienne est libre, entièrement libre.

MADAME SIMONIN.

Mais c'est évident, je n'ai jamais dit le contraire.

SIMONIN.

Si vous pensez comme moi, je m'étonne que vous vous soyez montrée ouvertement si favorable à monsieur de Saint-Harem, avant d'avoir confessé votre nièce ; car enfin vous l'attendez officiellement, vous lui avez ouvert toute grande une maison où vous savez qu'il désire entrer en prétendant, vous vous engagez envers lui sans savoir si pouvez être son alliée.

MADAME SIMONIN.

Bah! bah! Je suis certaine que tout cela finira le mieux du monde.

SIMONIN.

Nous verrons bien.

MADAME SIMONIN.

Mais ne vous mêlez donc pas de toutes ces choses qui sont vraiment trop féminines pour être de la compétence de messieurs nos maris... Laissez-moi faire... Je n'ai pas envie de traîner votre nièce à l'autel... je m'incline devant ses droits... soyez tranquille... Enfin, je ne vous demande que la permission d'être l'avocat de monsieur de Saint-Harem...

SIMONIN.

Dès que je suis assuré que vous êtes raisonnable, je vous donne toute liberté d'agir, certainement.

MADAME SIMONIN.

Mais on ne vous a jamais rien demandé de plus...

SIMONIN.

Alors n'en parlons plus... C'est égal, nous aurions dû la consulter un peu.

MADAME SIMONIN.

Enfin, attendons ; nous saurons à quoi nous en tenir avant une heure... Silence, c'est votre nièce.

SIMONIN.

Tu devrais lui dire deux mots...

MADAME SIMONIN.

Eh bien, allez rejoindre ce pauvre monsieur de Flastignac.

SCENE III.

LES MÊMES, ADRIENNE.

ADRIENNE.

Tu t'en vas?

2.

SIMONIN.

Oui, j'ai quelqu'un qui m'attend, dans la serre... un amateur, monsieur de Flastignac.

ADRIENNE, riant.

Oh ! le pauvre garçon... il va bien ?

SIMONIN.

Parfaitement.

ADRIENNE.

Est-il toujours blessé?

SIMONIN.

Oh ! de plus en plus...

ADRIENNE.

Tu le plaindras de ma part... Reviens vite.

SIMONIN.

Tu as à me parler?

ADRIENNE.

Non, je n'ai qu'à te faire parler... Je vais broder un peu.

SIMONIN.

Si tu as le temps.

ADRIENNE.

Mais j'aurai le temps.

SIMONIN.

Heu! heu!... Enfin demande à ma femme. A tout à l'heure.

SCÈNE IV.

MADAME SIMONIN, ADRIENNE.

ADRIENNE.

Il y a quelque chose ?

MADAME SIMONIN.

Oui, ma chère petite, oui, il y a quelque chose.

ADRIENNE.

Est-ce que je puis le savoir?

MADAME SIMONIN.

Pardon, tu dois le savoir.

ADRIENNE.

Ah ! je suis donc intéressée à tout cela ?

MADAME SIMONIN.

Mais tu es la première intéressée... Tu ne devines pas ?

ADRIENNE.

Pas du tout.

MADAME SIMONIN.

Quel âge as-tu ?

ADRIENNE.

Dame, tu le sais bien, dix-huit ans.

MADAME SIMONIN.

Eh bien, on se marie très-souvent à cet âge-là.

ADRIENNE.

Ah !

MADAME SIMONIN.

Tu n'y songeais donc pas ?

ADRIENNE.

Je ne dis pas cela...

MADAME SIMONIN.

Ah ! ah ! tu y pensais donc ?

ADRIENNE.

Oh ! je ne dis pas cela non plus.

MADAME SIMONIN.

Enfin tu y pensais sans y penser, comme nous y pensons toutes. Eh bien, aujourd'hui, dans dix minutes peut-être, tu verras quelqu'un qui nous a demandé la permission d'espérer en toi.

ADRIENNE.

Ah !

MADAME SIMONIN.

Quelqu'un de qui l'espérance est loyale, comme tu vois... et quelqu'un qui nous semble digne de toi, puisque nous l'avons écouté.

ADRIENNE.

Qui ?

MADAME SIMONIN.

Tu ne t'en doutes pas ?

ADRIENNE.

Dame, pas trop.

MADAME SIMONIN.

Un peu... encore comme nous toutes. Enfin, un jeune homme que tu connais, un très-beau jeune homme.

ADRIENNE.

Brun ?

MADAME SIMONIN.

Oui... Tu l'as vu du reste il n'y a pas bien longtemps.

ADRIENNE.

Avant-hier, au bal ?

MADAME SIMONIN.

Je crois que oui... Ah ! mais tu sais, nous n'avons pas encouragé ses espérances de façon à compromettre ta liberté... tu es la maîtresse absolue de toi-même... Veux-tu un conseil de vieille femme... Oh ! j'ai vingt-six ans !... Eh bien, il y a une glace dans ta chambre, dis-lui ce que tu sais et demande-lui conseil...

ADRIENNE.

Mais...

MADAME SIMONIN.

Oh ! non, non, non... je ne dirai plus rien... Je vais délivrer ce pauvre monsieur de Flastignac... je suis certaine que monsieur ton oncle lui fait un cours de botanique. . amusante !

ADRIENNE.

Voyons, je t'en prie.

MADAME SIMONIN.

Plus rien... Je m'en rapporte à toi pour faire une baronne adorable !

(Elle sort vivement.)

SCÈNE V.

ADRIENNE, seule, se dressant.

Comment, une baronne ?... Mais que veut-elle dire alors ?
Qui donc ai-je vu ?... Qui donc m'a parlé l'autre jour, à ce
bal ?... Ah !... mais je ne veux pas ! Mais je ne l'aime pas,
mais je ne peux pas l'aimer... Je suis sotte, j'allais trembler
et l'on m'a dit que j'étais libre. (S'asseyant.) Et pour qui reste-
rais-je libre ? Je ne sais pas seulement s'il pensera jamais à
moi... Il m'aime, oui... mais comment ?... Je ne suis peut-
être qu'une sœur ayant été sa petite amie ? Et puis-je jamais
être autre chose ? Ah ! que je suis méchante ! Voilà que je
crois qu'il ne m'aime pas, à présent !... Il ne me le dit pas,
parce qu'il est certain que je le sais, voilà tout... C'est égal,
il pourrait bien essayer de savoir si je le sais...

(Elle rêve, Roger entre, s'arrête, la regarde. — Un silence.)

SCÈNE VI.

ADRIENNE, ROGER.

ROGER.

A quoi pensez-vous ?

ADRIENNE.

Ah ! vous m'avez fait peur. Est-ce qu'il y a longtemps que
vous êtes là ?

ROGER.

Un siècle... Ah ! vous rêvez comme cela, vous ?... Est-ce
que vous voyez de belles choses ? Vous étiez au pays bleu,
n'est-ce pas ?

ADRIENNE.

Non, je n'en cherchais que le chemin.

ROGER.

Toute seule ?... Vous auriez dû me laisser deviner vos
idées de voyage, je vous aurais offert mon bras.

ADRIENNE.

Vous vous moquez de moi.

ROGER.

C'est donc défendu... aujourd'hui ?

ADRIENNE.

Pas plus qu'hier, vous le voyez bien... Seulement je suis un peu excusable de rêver aujourd'hui.

ROGER.

Parce que ?

ADRIENNE.

Ah ! dame, parce que... Je ne sais pas si je dois vous dire mes secrets...

ROGER.

Vous avez donc des secrets ?

ADRIENNE.

Non... je ne rêvais pas tout à fait... Il est plus vrai de dire que je réfléchissais à des choses très-sérieuses.

ROGER.

Voyez-vous cela.

ADRIENNE.

Il me semble que c'est une chose très-sérieuse que .. le mariage, par exemple.

ROGER.

Comment, le mariage ?

ADRIENNE.

Vous ne le direz pas ? Hé bien, je vais tout vous avouer, bien franchement, et vous me donnerez un conseil. On vient de me prévenir officiellement ici, tout à l'heure, que j'allais voir arriver le prince charmant.

ROGER.

Bah !

ADRIENNE.

Un beau jeune homme, riche, titré, éblouissant, qui ne demande qu'à me plaire.

ROGER.

Vous plaisantez, certainement.

ADRIENNE.

Mais pas le moins du monde.

ROGER.

Vous attendez quelqu'un qui a demandé votre main?

ADRIENNE.

Dame !... on m'a dit qu'il allait venir....

ROGER.

On vous a dit aussi son nom, sans doute?

ADRIENNE.

Oui.

ROGER.

Qui c'est ?

ADRIENNE.

Oh ! je vais vous le dire... puisque je veux avoir votre avis... C'est quelqu'un de qui la demande ne peut qu'être honorable pour moi...

ROGER.

Tant mieux.

ADRIENNE.

Je serais sottement vaniteuse si je n'avouais pas que l'on peut être justement flattée de...

ROGER.

Adrienne !... Non, voyons, je vous entends bien .. Vous me dites bien ce que j'entends, n'est-ce pas ? Vous me demandez bien mon avis ?... à moi...

ADRIENNE.

Dame, puisque vous vous dites mon ami.

ROGER.

Oui ; oui, c'est vrai ; votre ami le plus ancien, l'ami d'enfance... un frère presque... car je suis un frère pour vous, n'est-ce pas ?... Alors, c'est tout simple... vous m'avouez que l'on vous aime et que cela vous honore et vous flatte... vous me demandez conseil... vous me laissez entrevoir que vous pouvez accepter l'amour que l'on vous offre, et le partager peut-être... Partager l'amour de cet homme ! Toi ?... Ah ! ah ! tiens, c'est impossible. . Tu veux savoir si je t'aime !

ADRIENNE.

Roger !

ROGER.

Eh bien, je t'adore, entends-tu, je t'adore.

ADRIENNE.

Vrai ?

ROGER.

Ah ! du plus profond de mon cœur, tu es ma vie et mon âme ! Est-ce que vraiment tu ne le savais pas ?... Mais moi, je sais que tu m'aimes. Voyons, je le sais depuis que je te connais Je me trompe. Ah ! je t'en prie : est-ce que je me trompe ?

ADRIENNE.

Je n'ai rien dit, ah ! je n'ai rien dit.

ROGER.

Eh bien, c'est dit à présent, et pour jamais. Ah ! tu m'as tendu ce vilain piége... ah ! tu m'as fait souffrir une minute ! Eh bien, te voilà ma prisonnière, mon bien, ma femme, ma joie pour toujours. . Tu me l'as fait dire, que je t'aimais... Tu vois, je me suis vengé tout de suite. Je t'ai forcée à me laisser voir ton espérance sœur de la mienne... Et maintenant tu es punie... il n'y a plus à s'en dédire... tu es à moi, je te tiens, je t'ai ; tu es à moi parce que tu m'as pris ; te voilà mon bonheur pour la vie et pour l'éternité.

ADRIENNE.

Et dire que c'est vrai.

(Elle abandonne ses mains à Roger.)

ROGER.

Tu le vois bien... je te tiens.

ADRIENNE.

Ah ! je vais être bien malheureuse.

ROGER.

Et ce sera par ta faute.

ADRIENNE.

Hélas !

ROGER.

C'est dit ?

ADRIENNE.

Oui, monsieur.

ROGER.

Merci, madame.

(Il lui baise les mains.)

SCÈNE VII.

LES MÊMES, GASTON.

GASTON.

C'est bien, c'est bien ! Ah !

ADRIENNE.

Ah !
(Elle se lève.)

ROGER.

C'est lui ?

ADRIENNE, bas.

Oui... — Vous demandez ma tante, n'est-ce pas, monsieur ?...
Elle va être enchantée de vous voir... Je vais la prévenir.

GASTON.

C'est inutile, mademoiselle... je me suis fait annoncer...

ADRIENNE.

Alors, je vais prévenir mon oncle.
(Elle sort vivement.)

GASTON, bas.

Ah ! jour de Dieu !
(Un long silence.)

SCÈNE VIII.

GASTON, ROGER.

GASTON.

Monsieur Delatournelle, je crois ?

ROGER.

Oui, monsieur.

GASTON.

Un ami intime de mademoiselle Adrienne, à ce que j'ai
cru voir.

ROGER.

Un ami d'enfance.

GASTON.

Ah ! vraiment... On vous a élevé près d'elle...

ROGER.

Tout près, en effet... elle a hérité de mon berceau, qui de-
venait trop petit.

GASTON.

Mais alors, vous êtes presque son frère.

ROGER.

Presque son frère est le mot... il s'en manque tout juste ce
qu'il faut pour me permettre d'être autre chose.

GASTON.

Quoi donc ?

ROGER.

Ce qu'elle me permet d'être, rien de plus... et rien de
moins.

GASTON.

C'est-à-dire un peu moins... et pas plus.

ROGER.

C'est-à-dire quoi ?

GASTON.

Mais un ami véritable et modeste .. Je vous prie de ne pas
me faire dire ce que je ne dis pas... il ne faut jamais entendre
autre chose que mes paroles... Je crois avoir assez l'habitude
de parler nettement pour qu'on puisse se dispenser de chercher ce que je peux vouloir dire, car si je voulais le dire...
ah ! ah ! vous ne vous imaginez certainement pas que je ne
le dirais point... Donc, j'ai voulu reconnaître en vous un
ami véritable de mademoiselle Adrienne... D'ailleurs, vous
ne pouvez pas être autre chose pour elle.

ROGER.

Et pourquoi donc cela ?

GASTON.

Oh ! pour des raisons très-nombreuses. . Nous causons en bons camarades, n'est-ce pas ? Eh bien alors disons les choses nettement... D'abord, mon cher. . je vous demande la permission d'être vulgaire... oh ! pour exprimer plus sincèrement une vérité mille fois prouvée : une femme n'aime jamais celui qu'elle a vu barbouillé de confitures... Oh ! c'est l'opinion d'une femme...

ROGER.

Eh ! je ne vois pas ce que cette opinion vient faire ici.

GASTON.

Eh bien, n'en parlons plus... il est d'ailleurs bien évident que vous n'avez pas à vous en préoccuper... car enfin, je plaisante .. c'est évident, puisque je vous parle comme si vous aviez des prétentions que vous ne pouvez pas avoir.

ROGER.

Ah ! ne cherchons pas à nous mentir plus longtemps... ne raillons plus, ne rusons plus, cela me gêne... j'aime les situations nettes... parlons franchement... Je sais ce que vous venez faire ici, je connais vos espérances... eh bien, loyalement je l'avoue, j'ai les mêmes espéranc s et les mêmes projets que vous... ces prétentions, que vous dites m'être défendues, je les ai toutes.

GASTON.

Allons donc !

ROGER.

Je les ai toutes !

GASTON.

Libre à vous, cher monsieur ; je ne vous savais pas en position d'être mon rival.

ROGER.

Parce que ?...

GASTON.

Mais, dame ! parce que... je croyais, par exemple, qu'en mourant, le père de mademoiselle Adrienne avait manifesté le désir de ne voir admettre comme prétendant qu'un homme ayant une fortune à peu près égale à celle de sa fille...

ROGER.

Eh bien ?

GASTON.

J'ignore ce que vous pensez de cette dernière volonté paternelle, mais je la trouve très sensée .. En tous cas, je ne vous savais pas une fortune assez brillante pour espérer jamais...

ROGER.

Monsieur...

GASTON.

Il est vrai que vous pouvez vous marier avec un apport égal à celui de votre amie d'enfance... si vous avez le courage de le vouloir bien... il vous suffirait pour cela de daigner accepter ce que votre tuteur ne manquera de vous offrir... car il est assez riche pour vous offrir une dot.

ROGER.

Ah ! je le connais capable de cela , c'est vrai.

GASTON.

Alors tout sera parfait, si, vous, vous êtes capable d'accepter cela.

ROGER.

Et pourquoi ne l'accepterais-je pas, je vous prie ?

GASTON.

Pourquoi ?... Inutile que je vous le dise, puisque vous ne l'avez pas compris à demi-mot...

ROGER.

Monsieur, je ne vous comprends pas... vous allez m'expliquer ce que vous voulez dire.

GASTON.

Vraiment ?

ROGER.

Ah ! vous allez vous expliquer... Je vais vous ordonner de parler au nom de l'honneur, et vous parlerez... Parce que je suis votre rival, je puis supporter de sentir votre colère rôder autour de moi, oui, mais je ne vois pas pourquoi je supporterais que votre mépris soit avec elle... Ah! ne protestez pas, il y a du mépris dans vos paroles incompréhensibles pour moi... vous m'insultez, je le sens. Eh b'en, je veux comprendre !... Pourquoi serait-ce un triste courage que d'accepter une fois de plus les bienfaits d'un homme à qui je dois tout déjà ?...

GASTON.

Eh ! monsieur.

ROGER.

Ah ! vous m'avez dit que vous saviez parler nettement ; parlez donc, au nom de l'honneur.

GASTON.

Eh bien, monsieur... non, non, non. Parce que j'ai dit, sans y penser presque, une mauvaise parole, vous ne me ferez pas commettre une mauvaise action.

ROGER.

Ah ! vous n'avez plus le droit de vous taire, vous devez le comprendre.

GASTON.

Eh bien, regardez ce que vous êtes et ce qu'est monsieur Mauclerc.

ROGER.

Mais qui sommes-nous donc l'un et l'autre ?

GASTON.

Rien, tenez...

ROGER.

Ah ! vous me devez votre pensée entière ; il me la faut, je la veux.

GASTON.

Eh bien, un homme de cœur n'accepte rien de celui qui a tué son père.

ROGER.

Vous dites ?

GASTON.

Ah ! monsieur, vous l'avez voulu.

ROGER.

Mon père ? Non, voyons, non, je ne vous ai pas compris du tout... Mon père est mort lorsque j'étais encore au berceau... Je marchais à peine que déjà ma mère était tout entière livrée au mal terrible qui me l'a prise... On ne m'a jamais rien dit qui puisse me faire soupçonner que la mort de mon père n'était pas une mort naturelle... Ah ! voyons, je vous en prie, voyons, dites-moi la vérité...

GASTON.

Ah !

ROGER.

Mais parlez donc.

GASTON.

Vous le voulez ?

ROGER

Ah ! je vous l'ordonne, vous le savez bien.

GASTON.

Eh bien, votre père est mort tué en duel.

ROGER.

Ah !

GASTON.

Frappé par monsieur Mauclerc.

ROGER.

Mais c'est impossible ; vous me trompez… vous me tor-
turez…

GASTON.

Comment pourrais-je vous mentir? Un duel est un fait public… Enfin, je ne puis ni ne veux rien dire de plus… Souvenez-vous de l'année où votre père est mort .. et cherchez.

ROGER

Mon père?.. Ah ! oui, je vais chercher la vérité… mais
quelle qu'elle soit, ah! vous me paierez la torture que vous
m'avez infligée !

(Il sort.)

SCÈNE IX.

GASTON, seul.

Il y aura un duel à mort entre moi et cet homme-là.

LA TOILE TOMBE.

ACTE III

(Un cabinet de travail chez Mauclerc.)

SCÈNE PREMIÈRE.

JACOB, puis MAUCLERC.

(Jacob époussette, range et s'évertue en chantonnant un refrain populaire. — Mauclerc entre.

MAUCLERC.

Comment, tu n'as pas encore fini?

JACOB.

Pardon, monsieur... je donnais tout simplement le coup de plumeau de la fin.

MAUCLERC.

Est-ce que Roger n'est pas chez lui ?

JACOB.

Je ne crois pas, monsieur... Monsieur Roger est sorti tantôt... pour aller chez monsieur Simonin, sans doute.

MAUCLERC.

Il te l'a dit?

JACOB.

Oh! pas du tout... mais comme il était de bonne humeur et qu'il marchait vite...

MAUCLERC.

Qu'est-ce que cela, Jacob, qu'est-ce que cela ?

JACOB.

Ah ! dame, monsieur, on a des yeux et des oreilles... et du raisonnement aussi. Notre jeune homme est amoureux de mademoiselle Adrienne, j'en suis sûr... D'abord, regardez dans votre album et dans le sien, il n'y a plus un portrait de mademoiselle Adrienne ; ils sont tous dans sa chambre, dans des petits cadres mignons... mais sur la cheminée il y a le portrait de sa mère, le sien d'un côté, et de l'autre celui de la demoiselle... Si on ne comprend pas ces choses-là, c'est qu'on n'a vraiment pas envie de comprendre.

MAUCLERC.

Et tu avais envie, toi...

JACOB.

J'ai toujours envie de savoir ce qui peut rendre heureux M. Roger, vous le savez bien .. Il m'a assez fait de misères pour cela, quand il était petit... Ah ! l'espiègle, je n'ai pas eu un jour tranquille avant son entrée au collége...

MAUCLERC.

Allons, allons, je vois que tu lui donneras ton consentement...

JACOB.

Oh ! ça oui, par exemple, et de franc cœur. C'est une belle et bonne fille vraiment que mademoiselle Adrienne... ce sera une vraie femme... Oh ! je vous en réponds, et je m'y connais.

MAUCLERC

Vraiment ?

JACOB.

Dame, quand on a toujours servi des honnêtes gens, on en connaît la graine.

MAUCLERC.

Il n'est venu personne me demander ?

JACOB.

Pas encore, monsieur.

MAUCLERC.

J'attends le clerc de maître Bernois, mon notaire ; tu me préviendrais s'il se présentait.

JACOB.

Bien, monsieur...

(On sonne.)

MAUCLERC.

Va voir, je te prie.

SCENE II.

MAUCLERC seul, puis SIMONIN et ADRIENNE.

MAUCLERC.

Pauvre vieux brave cœur, il l'aime autant que moi... puis-qu'il le connaît et le devine aussi bien que moi... Allons, encore un jour de travail, un peu de patience encore et mon œuvre sera faite, son bonheur sera pour jamais assuré, je pourrai mourir en paix.

JACOB.

C'est monsieur Simonin, monsieur, avec mademoiselle sa nièce...

MAUCLERC.

Mais fais donc entrer bien vite alors. (Allant au-devant de Simonin.) Ah ! que vous êtes charmant de venir me voir et que je vous remercie...

SIMONIN.

Je crois bien que vous me remerciez... vous ne savez pas encore combien vous me remerciez.

MAUCLERC.

Oh ! nous allons causer... quand j'aurai embrassé cette chère enfant... Je vous aime de tout mon cœur.

ADRIENNE.

Et moi, je vous aime bien aussi... mais bien.

MAUCLERC.

Vous verrez que nous finirons par avoir tous l'air d'être une seule famille.

SIMONIN.

Dame, nous avons commencé un peu comme cela; voilà vingt ans que nous vivons si près les uns des autres...

3.

MAUCLERC.

Vous êtes venu pour me dire quelque chose... Eh bien, voyons, je vous écoute... Qu'est-ce qu'il y a de nouveau ?

SIMONIN.

J'ai brûlé mes vaisseaux !

MAUCLERC.

Ah bah !...

SIMONIN.

Regardez-moi bien : je viens de signifier à ma femme que j'étais le maître.

MAUCLERC.

Vous ?

SIMONIN.

C'est comme j'ai l'honneur de vous le dire.

MAUCLERC.

Oh ! mais racontez-moi donc cela, c'est fantastique.

SIMONIN.

Je me fais l'effet d'être un personnage de féerie... j'ai dû boire quelque chose qui m'a changé des pieds à la tête... et, tenez, c'est cette petite fée-là qui m'a ensorcelé...

MAUCLERC.

Elle est bien capable de cela.

SIMONIN.

Vous ne savez pas comment elle a fait?.. Oh! c'est bien simple... elle est venue chez moi, elle m'a sauté au cou, et puis elle m'a parlé à l'oreille, tout bas... avec une voix qui tremblait un peu, mais si douce... ah! la caline!... ma foi, j'ai perdu la tête, j'ai promis tout ce qu'elle me demandait... et Dieu sait ce qu'elle me demandait.

MAUCLERC.

L'impossible ?

SIMONIN.

Dame, à peu près ; le contraire de ce que désirait ma femme... De là, une scène... ah ! cris, révoltes, protestations, interpellations... un oiseau qui se trouve tout à coup en cage, voletant partout, renversant tout... Vous voyez le travail que peut faire la petite main nerveuse d'une femme... un éventail brisé d'abord, un mouchoir déchiqueté... si bien qu'en me garant, sans le vouloir, je fais tomber un vase qui se brise... Elle me regarde stupéfaite... J'entrevois une espérance de salut... je saisis l'autre vase... il se trouvait dépareillé.... et je le brise de plus belle... Elle tombe assise en s'écriant que je n'avais plus qu'à la frapper... Je m'avance pour protester .. elle se redresse, jette un cri et disparaît... Voilà... J'avais besoin de prendre l'air, je suis venu vous voir tranquillement, à pied, pour respirer un peu.

MAUCLERC.

Voyez ce que c'est, j'avais l'intention d'aller vous voir aujourd'hui... ayant à vous parler sérieusement.

SIMONIN.

Oh ! je me doute bien de ce que vous pouvez avoir à me dire... après ce que mademoiselle m'a gazouillé.

ADRIENNE.

Mon oncle !...

SIMONIN.

Ah ! bien, si tu ne veux plus, dis-le.

ADRIENNE.

Je ne dis pas...

SIMONIN.

C'est heureux !

MAUCLERC.

Il faut vous avouer ce que je voulais faire, n'est-ce pas ?... Eh bien, j'allais aller vous demander la main de mademoiselle votre nièce.

SIMONIN.

Voyez un peu comme cela se trouve : je venais vous dire que je vous l'accorde.

MAUCLERC.

Ah ! vous l'aimez donc ?

ADRIENNE.

Oui !

MAUCLERC.

Merci... Vous ne savez pas tout ce que je vous devrai, vous devant son bonheur.

SIMONIN.

C'est dit ?

MAUCLERC.

Parbleu !

SIMONIN.

Eh bien, vous voyez, les choses honnêtes sont naturellement toutes simples... N'en parlons plus...

SCENE III.

LES MÊMES, JACOB.

JACOB, entrant.

Monsieur...

MAUCLERC.

Eh bien ?...

JACOB.

C'est le premier clerc de M° Bernois.

MAUCLERC.

J'y vais, merci. Vous permettez...

SIMONIN.

Faites donc... Il s'agit de lui, hein ?

MAUCLERC.

Vous le savez bien... A tout à l'heure.

(Il sort.)

SIMONIN.

Comme si l'on ne devinait pas...

JACOB, bas.

Je crois bien que je lui donne mon consentement !

SIMONIN.

Qu'est-ce que tu fais donc là, mon vieux Jacob ?

JACOB.

Rien... je regarde mademoiselle... (A mi-voix.) et je lui dis merci dans mon à part.

SIMONIN.

Tu te souviens d'autrefois, hein ?... Tu en avais une par-ci,
l'autre par-là, et tu les faisais sauter... hop ! hop ! postillon !

JACOB.

Oui, c'était le bon temps... on pouvait les embrasser.

SCÈNE IV.

LES MÊMES, ROGER.

ROGER, pâle, absorbé, nerveux, mais froid.

Ah !... Jacob, monsieur Mauclerc est chez lui ?

JACOB.

Oui, monsieur Roger.

ROGER.

Tu me ferais plaisir en le prévenant de mon retour, j'ai
besoin de lui parler.

JACOB.

Il a quelque chose à vous dire aussi, à ce que je crois... Je
vais lui dire que vous êtes là... en bonne société.

(Il sort.)

ROGER.

Merci.

SIMONIN.

Mais arrive donc, on a mille choses à te raconter.

ROGER.

Je vous demande pardon de ne pas vous avoir d'abord serré
la main, mais vraiment j'ai hâte de voir monsieur Mauclerc.

SIMONIN.

Je m'en doute bien, tu as à lui parler de choses sérieuses.

ROGER.

Oui, de choses graves.

SIMONIN.

Il sait peut-être déjà ce que tu désires lui confier.

ROGER.

Comment !

SIMONIN.

Dame,.tu sors de chez moi... Il est vrai que tu as pris le chemin des écoliers pour revenir ici... tu avais un discours à préparer probablement... Voilà ce que c'est que de ne pas se presser... on trouve la besogne faite...

ROGER.

Je ne vous comprends pas bien.

SIMONIN.

Vraiment?... Eh bien, mon gaillard, je suis venu me plaindre à votre tuteur... je lui ai dévoilé vos projets... je lui ai dit que vous abusiez de la bonne hospitalité que je vous accordais pour conter fleurette à ma pauvre Adrienne qui ne s'attendait guère à pareille audace.

ROGER.

Ah ! vous savez que je l'aime ?

SIMONIN.

Oui, monsieur, oui... mademoiselle me l'a confié... elle s'est mise sous ma protection... Qu'est-ce que vous avez à dire pour vous excuser, voyons ?

ROGER.

Mais ?...

SIMONIN.

Mais dites-le donc, que vous êtes un honnête homme, que vous aimez de toutes vos forces, que vous offrez votre vie et votre nom, que vous nous la demandez... Allons, dis-le, qu'on puisse te répondre qu'on te la donne.

ROGER.

Monsieur !...

SIMONIN.

Allons, embrasse-la.

ROGER.

Ah! vous ne savez pas le bien... et le mal que vous me faites. Vous me la donnez?... Oui, je l'adore, oui. Ah ! je devrais être fou de joie et tomber à ses pieds... Ah ! que c'est atroce...

SIMONIN.

Quoi donc!

ADRIENNE.

Roger... mais il souffre.

SIMONIN.

Qu'est-ce que vous avez?

ADRIENNE.

Je vous en prie...

ROGER.

Ah! laissez-moi, je ne puis rien vous dire, laissez moi .. Je
ne sais pas ce que je serai demain...

SIMONIN.

Par exemple. .

SCÈNE V.

Les Mêmes, MAUCLERC.

MAUCLERC.

Là, je n'ai pas été long, j'espère.

ROGER.

Lui!

MAUCLERC.

Ah! ah! te voilà donc enfin, toi... Tu sais ce qu'il y a de
nouveau?

ROGER.

Monsieur...

MAUCLERC.

Tu dis?... Mais qu'est-ce que tu as donc? Tu es pâle.

SIMONIN.

Je viens de lui annoncer que tout le monde était d'accord
pour vouloir son bonheur... et vous voyez.

ADRIENNE.

Mais dites donc ce que vous avez... Vous nous faites souffrir, parlez.

ROGER.

Ah! mon Dieu!

MAUCLERC.

Mais parle donc ; voyons, qu'est-ce que tu as?

ROGER.

Moi?... Eh bien ..

MAUCLERC.

Mais dis donc.

ROGER.

Je sais comment mon père est mort.

MAUCLERC.

Ah !

ROGER, à part.

C'est vrai !

SIMONIN.

Grand Dieu! Adrienne, viens, mon enfant, viens.

ADRIENNE.

Mais qu'est-ce qu'il y a donc?

MAUCLERC.

Oh ! rien qui puisse vous effrayer... Allez, je vous le rendrai tel qu'il était, allez.

SCÈNE VI.

MAUCLERC, ROGER.

MAUCLERC.

Roger... voyons, qu'est-ce que l'on t'a dit? qu'est-ce que tu sais?

ROGER.

On m'a dit que mon père était mort dans un duel... mort tué par vous... on m'a dit que j'étais un méprisable lâche d'accepter quelque chose du meurtrier de mon père ; voilà ce que l'on m'a cruellement jeté au visage.

MAUCLERC.

Qui est ce qui t'a dit cela? Ah! réponds! Qui est ce qui a

commis cette infamie... Je t'ordonne de parler... Qui est-ce qui a fait cela?

ROGER.

Gaston de Saint-Harem.

MAUCLERC.

Le malheureux, s'il avait su comme il m'est facile de le punir ! Enfin c'est fait... voilà mon secret dévoilé... Il va falloir que je dise tout maintenant, c'est évident.

ROGER.

Mais c'est donc vrai ?

MAUCLERC.

Eh bien oui, c'est vrai.

ROGER.

Ah !... ah ! mon Dieu, mon Dieu !...

MAUCLERC.

Roger... Je te dois toute la vérité... et je vais te la dire.

ROGER.

Ah ! j'en sais trop déjà !

MAUCLERC.

Mon enfant !...

ROGER.

Non... ne m'appelez pas ainsi, jamais, ne m'appelez pas ainsi.

MAUCLERC.

Ah ! je te veux, entends-tu... j'ai droit à ton pardon, j'ai droit à ton amour... il me faut ton cœur... je te veux et je t'aurai... Ecoute moi bien, tu vas tout savoir. Parmi les amis de ton pauvre père, il était un homme que tout le monde respectait et que je respectais moi-même... Un jour je surpris cet homme en flagrant délit d'indélicatesse... Je le regardai en face, j'observai ses actions, c'était un ambitieux coquin et rien de plus, quelque chose qui n'attendait qu'une occasion de fortune, une conscience souple toute prête à se laisser pétrir par la main d'un maître généreux... A la première occasion venue, je lui crachai mon mépris au visage... Il s'essuya la joue et poursuivit son chemin ! Un mois après, au milieu d'un cercle d'amis, en public, ton père vint droit à moi... je reçus une insulte sanglante... Et j'étais le meilleur ami de ton père, j'avais grandi près de lui, j'étais presque son frère, je l'aimais et je m'en savais profondément aimé. . Quoi donc,

alors? qu'est-ce que cela voulais dire !... je me sentais inno-
cent jusqu'au fond de mon âme... et voilà que j'étais insulté
comme on n'insulte pas un misérable... Je voulus cependant
comprendre... Prières, révoltes, tout fut inutile, il fallut me
battre... Quand je vins sur le terrain, vois-tu, j'étais fou de
rage et d'indignation... mais je ne voulais pas frapper ton
père, non, je voulais me faire blesser pour avoir enfin le droit
de lui demander la vérité... On nous mit en face l'un de
l'autre... le signal fut donné... j'étendis le bras... et ton père
tomba mortellement frappé... J'avais tué mon ami... j'avais
tué mon frère !...

ROGER.

Assez, je vous en prie, assez !

MAUCLERC.

Je le pris dans mes bras, je l'emportai... Je pleurais... je
criais... Quand il fut chez lui, couché, pâle, sanglant, je me
jetai à genoux, je lui pris la main, je le suppliai de me dire
enfin ce que j'avais pu faire qui me valût sa colère... Ah ! ce
que j'appris alors était épouvantable... Celui-là que j'avais
écrasé de mon mépris mérité, celui-là s'était vengé... Il m'a-
vait souillé de ses calomnies... A l'aide de je ne sais quels
riens, il avait trouvé moyen de persuader à ton père que
j'étais un infâme, que je l'avais trahi, que j'avais déshonoré
sa maison, que j'avais osé ne pas respecter ta mère !

ROGER.

Ma mère !

MAUCLERC.

Oh ! la pauvre sainte femme !... Tu ne sais pas encore combien ce misérable était hideusement infâme... Il avait rêvé
de commettre la lâcheté dont j'étais accusé par lui... et re-
poussé, dans sa honte, souffleté du dédain de ta mère, il
avait trouvé cela pour se venger d'elle et de moi, de nous
dire coupables du crime qu'il n'avait pu commettre.

ROGER.

Ah ! c'est impossible ; non, c'est impossible !

MAUCLERC.

Ton père est mort dans mes bras... je suis pardonné par
lui... c'est à moi qu'il t'a confié... c'est de lui que je te tiens ;
et tu ne me croirais pas ?... Roger, je t'ai consacré ma vie
entière, c'est de ma main que la fatalité s'est servie pour te

rendre orphelin .. J'ai juré que je me ferais absoudre par toi
aussi à force de dévoûment... Il faut que tu me croies,
il faut que tu me rendes ton estime si tu ne peux plus me
laisser ton amour.

ROGER.

Ah ! si vous pouviez me convaincre !...

MAUCLERC.

Tu ne me crois pas ?... Ah ! Rogér, tu n'as donc pas compris ce que je t'ai dit?... Mais c'est d'être ton père que l'on
m'avait accusé !...

ROGER.

Grand Dieu !

MAUCLERC.

Et je te dis que l'on a menti... Mais réfléchis-donc et tu me
croiras... Mais tu m'aimes et je t'adore. Ah ! ta douleur même
est une preuve de ton amour... Mais tu n'as jamais connu
que moi !... Et si je t'ouvrais les bras... ah ! quelque soit mon
crime, si je t'appelais mon fils, ah ! tu viendrais, va, je suis
bien sûr que tu viendrais..... Eh bien, ce n'est pas vrai,
entends-tu, je volerais ton amour... je mentirais aussi... Tu
es le fils d'une honnête femme et ce n'est qu'un honnête
homme qui te parle... Tu as le droit de me fuir et de me
détester, je suis un étranger qui t'adore, qui te demande
grâce, qui te supplie à genoux; mais je ne suis rien que
cela: un étranger que tu peux fuir et dédaigner à jamais !

ROGER.

Ah ! je vous crois ! Ne me parlez plus, ne me dites plus
rien; je vous crois, je vous crois.

MAUCLERC.

Ah ! que tu es bon et généreux; me voilà pardonné désormais, merci !

ROGER.

Je vous crois, oui .. mais il me faut encore un aveu...
j'exige le nom du misérable dont vous parlez...

MAUCLERC.

Roger.

ROGER.

Ah ! si vous ne l'avez pas puni, moi...

MAUCLERC.

Tu ne le punirais pas plus que moi... je t'ai dit que c'était un lâche. Lorsque j'ai su ce qu'il avait eu l'audace de faire, j'ai voulu le punir, crois-le bien... et je suis allé le trouver... et je lui ai mis à nu devant lui toute son infamie et tout mon mépris. . il m'a supplié de l'épargner. . Je l'ai souffleté, il est tombé à mes genoux... Je l'ai pris au collet, je l'ai traîné à son bureau, je lui ai fait écrire et signer ses lâchetés... Avant que de mourir, ton père a lu cela ; je te le ferai lire aussi... N'espère pas l'atteindre jamais... Il se ferait si petit que, toi aussi, tu ne saurais plus si tu dois y toucher. — Il se sauverait de ta colère en demandant asile à ton mépris !

ROGER.

Mais le nom de cet homme ? .. Ah ! j'ai le droit de savoir le nom de cet homme-là, il me le faut, je le veux !

MAUCLERC.

Eh bien...

ROGER.

Je le veux, au nom de mon père.

MAUCLERC.

Le père de celui qui t'a tout appris, monsieur de Saint-Harem.

ROGER.

Monsieur de Saint-Harem !

MAUCLERC.

Qu'est-ce que tu vas faire ?

ROGER.

Je ne sais pas,..

MAUCLERC.

Roger.

ROGER, à lui-même.

Qu'est-ce que je vais faire de cet homme-là... il ne se

battra pas?... Quoi donc alors? Sa lâcheté le sauverait du châtiment?... Qu'est-ce que je vais lui faire?... Je ne peux pourtant pas laisser impuni celui qui m'a pris mon père... Ah!... Pourquoi non?... J'y périrai peut-être, mais j'essaierai, moi, de lui prendre son fils.

MAUCLERC.

Roger!

ROGER.

Rien. Adieu. Mon père n'est pas vengé.

(Il sort.)

MAUCLERC, le regardant sortir.

Ah! fais ce que tu voudras, va, je serai là.

LA TOILE BAISSE.

ACTE IV

Une salle d'armes.

SCENE PREMIERE.

FLASTIGNAC, LE REPORTER, LE COMMANDANT, SIMONIN, LE MAITRE D'ARMES, Habitués de la salle d'armes et Flaneurs.

(Flastignac et le reporter s'escriment ensemble, surveillés par le maître d'armes; le commandant et Simonin les regardent, les habitués sont à leur fantaisie, l'assaut étant de maigre importance.)

LE PROFESSEUR.

Tierce, quarte... très-bien.

LE COMMANDANT, à Simonin.

Vous n'avez jamais servi, vous ?

SIMONIN.

Mon Dieu, non, jamais.

LE COMMANDANT.

C'est donc un spectacle nouveau pour vous.

SIMONIN.

Oh! tout ce qu'il y a de plus nouveau.

LE PROFESSEUR.

Mais rompez donc, monsieur de Flastignac, ou bien... Là, quand je vous le disais... touché.

FLASTIGNAC.

Ah ! ah !

LE PROFESSEUR.

Vous êtes touché.

FLASTIGNAC.

Comment, je suis touché ?... mais pas du tout ; il y a erreur. C'est monsieur qui est touché.

LE REPORTER.

Oh ! pardon, c'est fort bien vous...

FLASTIGNAC.

Je m'en rapporte à ces messieurs...

LE COMMANDANT.

Eh ! eh ! je dois convenir que cette fois vous avez été boutonné, mon cher.

FLASTIGNAC.

C'est donc si légèrement...

SIMONIN.

On ne vous touche jamais que comme cela, vous le savez bien.

FLASTIGNAC.

C'est parfaitement vrai... on ne peut pas me toucher autrement.

LE COMMANDANT.

Tenez, mon cher, vous avez été touché là... et si ç'avait été avec une épée de combat, l'arme ressortait ici... et moi qui étais derrière vous, j'étais blessé. Oh ! j'ai vu le coup en 37, quand j'étais en garnison à Buenos-Ayres.

LE PROFESSEUR, souriant.

Vous remuez trop... on ne peut que vous égratigner ou vous embrocher tout à fait.

FLASTIGNAC.

Chacun son système, mon cher maître... Vous ne pouvez point méconnaître, en tous cas, que ma façon de tirer soit une façon qui en vaut bien une autre...

LE PROFESSEUR.

J'y consens volontiers... seulement, si vous vous battez jamais sérieusement, souvenez-vous bien de ce que je vais vous dire : — Ne dansez pas comme à votre ordinaire. Le meilleur jeu, tenez, c'est celui ci : ferme, droit, l'épée un peu haute... n'avancez pas, ne reculez pas... Attaquez moi, vous allez voir. Bien. Vous voyez, je ne bouge pas... le poignet seul agit... Tierce, quarte... L'adversaire se lasse, il s'énerve .. moi, je suis resté frais... si bien qu'au premier pas en avant... voilà.

(Il lance une botte et fait chanceler Flastignac.)

LE COMMANDANT.

Parfait, parfait, parfait.

LE REPORTER.

Il faudra que je parle de ce coup-là.

LE PROFESSEUR.

Tous mes élèves le connaissent et pas un n'a manqué de m'en présenter ses compliments...

FLASTIGNAC.

Permettez, permettez... c'est, alors, que vos élèves ne se battent jamais ensemble... parce qu'alors, le coup consistant à s'attendre, ils seraient encore sur le terrain.

LE REPORTER.

Ah ! ça, c'est charmant... ça me fera un mot de la fin pour un confrère.

FLASTIGNAC.

Eh ! eh ! eh !

LE COMMANDANT.

Cela me rappelle un coup tout à fait semblable que j'ai vu en 39, à Chicago... seulement, c'était au pistolet.

FLASTIGNAC.

Mais ce n'est plus du tout la même chose.

LE COMMANDANT.

Je vous demande pardon... Les adversaires s'attendirent si longtemps, que l'on fut forcé de mettre fin au combat.

LE PROFESSEUR.

Je n'ai rien à dire, c'est très-spirituel

FLASTIGNAC.

Qu'est-ce que vous voulez... il y a des jours où je suis étonnant... Demandez à mon bon ami, monsieur Simonin.

SIMONIN.

Oh ! ça, oui, vous avez vos jours.

FLASTIGNAC.

C'est égal, mon cher, vous faites des progrès remarquables...

LE REPORTER.

Peuh !

FLASTIGNAC.

Du reste, vous nous venez plus souvent.

LE REPORTER.

Oh ! oui, j'ai mes raisons... Au fait, je puis vous dire cela, entre amis, sous le sceau du secret... Eh bien, je cesse d'être reporter.

FLASTIGNAC.

Ah ! par exemple ..

LE REPORTER.

Le métier est impossible, mon cher... Ainsi, tenez, le jour où nous étions chez la comtesse, le fameux jour de votre duel... eh, bien, je n'ai même pas eu le temps de compléter mes notes... Au moment où l'on allait commencer à souper, il m'a fallu partir... Un accident venait d'arriver, je ne sais où, à l'autre bout de Paris; et l'on avait été me relancer jusque chez la comtesse, pour m'envoyer aux renseignements... Et me voilà en fiacre à quatre heures du matin le ventre vide... j'arrive, on venait d'emporter la victime... je m'élance à sa poursuite, j'assiste aux premiers soins, je recueille sa première déposition .. Oh ! cela m'a donné quinze lignes navrantes... mais enfin, j'enviais le verre de vin qu'on lui faisait boire... Je reviens pour dormir, à dix heures du matin .. je passe bêtement auprès d'une entrée des égouts... On descendait... j'interroge par habitude... C'est un ambassadeur chinois. . J'oublie encore une fois mon intérêt personnel et je descends après l'Excellence... et me voilà dans l'égout, en habit, crotté comme un barbet.. L'interprète ne me l'a dit qu'après; mais il paraît que l'ambassadeur m'a pris tout le temps pour le chef des égoutiers... Enfin, je suis chez moi. . je vais donc me reposer... Point, il y a quelqu'un qui vient de me jouer le mauvais tour de causer un événement très-grave en Belgique.. et l'on m'apporte un ordre de départ. Je me redévoue, j'entre chez un charcutier, je me précipite chez un boulanger et je dîne en voiture... Ah! par exemple, j'ai dormi en chemin de fer... Eh bien, non, j'ai donné ma démission.

FLASTIGNAC.

Pour faire ?...

LE REPORTER.

Oh! j'ai trouvé des fonds... je crée un grand journal.

SIMONIN.

Politique?

LE REPORTER.

Puisque je viens ici, voyons.

SIMONIN.

Vous avez donc une opinion ?

LE REPORTER.

Moi ?... je ne sais pas... Je crois que j'en ai plusieurs.

SIMONIN.

Pour en changer.

LE REPORTER.

Nécessairement... Quand on n'a qu'un habit, s'il arrive un accident, il faut aller en bras de chemise.

FLASTIGNAC.

Eh! eh! vous avez peut-être raison, mon cher. La politique!... J'ai presque envie de me présenter dans mon département.

LE COMMANDANT.

Oh! ne faites pas cela.

FLASTIGNAC.

Et pourquoi donc pas?

LE COMMANDANT.

Les affaires sont déjà si embrouillées.

FLASTIGNAC.

C'est méchant, cela, commandant... Enfin, on peut permettre quelques plaisanteries à ceux-là qui ont fait leurs preuves... et l'on voit que vous avez fait les vôtres... par la multiplication.

LE COMMANDANT.

Permettez...

FLASTIGNAC.

Mais vous en avez une nouvelle?

LE COMMANDANT.

Oh ! la décoration de Monaco, tout simplement.

FLASTIGNAC.

La roulette d'officier donc alors ?

LE COMMANDANT.

Monsieur de Flastignac.

FLASTIGNAC.

Oh! commandant, non... je ne pourrais pas accepter une rencontre avec vous... vous êtes à vos ordres avant que d'être aux miens.

LE COMMANDANT.

Décidément, mon cher, vous êtes un mauvais plaisant.

FLASTIGNAC.

Puisque je vous dis que j'ai mes jours !

SCENE II.

LES MÊMES, ROGER, JOLIBOIS.

JÓLIBOIS.

Eh ! quelle gaieté, bon Dieu.

FLASTIGNAC.

Tiens! Jolibois.

SIMONIN, bas.

J'étais certain qu'il viendrait.

JOLIBOIS.

Mon cher maître, je me suis permis de vous amener un de mes bons amis, monsieur Delatournelle..

LE PROFESSEUR.

Est-ce que monsieur?...

JOLIBOIS.

Oh! pas du tout... C'est un curieux et non pas un élève.

ROGER.

En attendant.

LE PROFESSEUR.

A vos ordres, monsieur.

ROGER.

On m'a dit que monsieur de Saint Harem devait venir aujourd'hui.

SIMONIN, à part.

Nous y voilà.

LE PROFESSEUR.

Ah! ah! vous désirez voir notre maître à tous.

ROGER.

Je l'avoue, oui.

LE PROFESSEUR.

Un homme hors ligne, monsieur... Oh! je m'incline moi-même devant lui... C'est un maître.

ROGER.

J'attendrai, si vous le permettez.

LE PROFESSEUR.

Présenté comme vous l'êtes, vous êtes chez vous.

SIMONIN.

Qu'est ce que tu viens faire ici?

ROGER.

Vous?

SIMONIN.

Eh bien, oui... Tu dois bien savoir que tu n'as rien à me cacher. . Tu es allé ce matin chez monsieur de Saint-Harem, sans réussir à le trouver. . Oh! je suis entré après toi et j'ai fait en sorte de savoir ce que je désirais savoir... Tu as demandé où tu avais chance de le rencontrer, on t'a dit qu'il serait ici le tantôt... Eh bien, pourquoi viens-tu?

ROGER.

Mais je viens pour voir si vraiment c'est un maître en l'art de tuer galamment son semblable...

SIMONIN.

Ah! ne cherche pas à plaisanter... Tu rêves une folie !...

ROGER

Mais non... Tenez, je prends votre bras et je ne vous quitte pas... J'espère que vous voilà tranquille.

SIMONIN.

Tu devrais venir...

ROGER.

Ah ! cela, non; je veux voir.

(Entrée de Gaston au bras de Saint-Harem.)

SENE III.

LES MÊMES, GASTON, SAINT-HAREM.

FLASTIGNAC.

Mais arrivez donc, mon cher, arrivez donc.

ROGER.

Enfin !

SIMONIN.

Ah! tu vois bien que tu rêves quelque chose, tu as tres-sailli.

ROGER.

Un premier mouvement, ce n'est rien.

FLASTIGNAC.

Enfin, nous le tenons donc, notre héros !...

GASTON.

Assez, voyons...

FLASTIGNAC.

Ah! vous vous révolterez si voulez... mais dussé-je encore une fois risquer d'être tué par vous, je vous dirai ce que l'on pense de votre seigneurie... c'est-à-dire que vous êtes brave comme Achille et fier comme un chevalier d'autrefois.—Vous venez pour tirer, j'espère ?

GASTON.

Oui, je viens pour cela... Il me semble que j'ai le poignet rouillé.

LE REPORTER.

Il n'y a que lui qui puisse dire de ces choses-là.

LE COMMANDANT.

Qu'est-ce qui vous tiendra tête aujourd'hui?

GASTON, riant.

Mais vous, commandant.

LE COMMANDANT.

Eh ! eh ! il y a vingt ans, avant ma dix-neuvième blessure... mais à présent, non, non.

SAINT-HAREM.

Eh! eh! je dirai comme le commandant, moi... si j'avais vingt ans de moins .. mais cela n'est plus possible... Un reste de vigueur se retrouverait certes s'il s'agissait de l'honneur... mais pour un assaut... je ne suis plus d'un âge où l'on joue.

LE PROFESSEUR.

Ce sera donc mon prévôt.

LE COMMANDANT.

Parfaitement, puisque je ne peux pas.... D'ailleurs, je ne veux plus toucher un fleuret... Cela date de mon dernier duel à Valparaiso... avec le capitaine Dupuisard... un grand blond, charmant garçon... Il m'a flanqué une paire de giffles !... C'était à propos d'une dame... non, c'était pour une demoiselle... Nous allons sur le terrain... je me fends par un coup droit, il pare, et j'envoie mon épée dans l'œil d'un témoin. Il en est mort ! J'ai juré que je ne toucherais plus un fleuret.

GASTON.

Quand il vous plaira, monsieur.

TOUS.

Ah ! ah !

(Assaut.)

LE COMMANDANT.

Très-bien, superbe parade.

FLASTIGNAC.

Une verve, un brio.

SIMONIN.

Ça m'éblouit

ROGER.

Oui, c'est effrayant.

GASTON.

S'il vous plaît vous reposer ?...

LE PROFESSEUR.

Je vous remercie.

GASTON.

A vos ordres... Tiens, monsieur de la Tournelle.

SAINT-HAREM.

Hein ?

JOLIBOIS.

Venu tout exprès pour vous admirer, mon cher.

GASTON.

Vraiment ?

ROGER.

Oui, je suis venu voir.

GASTON.

Eh bien, regardez.

(L'assaut continue.)

FLASTIGNAC.

Ah ! sublime.

JOLIBOIS.

C'est d'une maestria.

SAINT HAREM.

Eh ! eh !

FLASTIGNAC.

Quelle vigueur, quel feu, quelle bravoure, hein ?

ROGER.

Quelle habileté, oui... mais quelle bravoure... je ne vois
pas trop ce que la bravoure fait ici.

SIMONIN.

Le fait est que...

ROGER.

Vous chiffonnez la langue française, mon cher monsieur.

FLASTIGNAC.

Par exemple...

ROGER.

Mais une pareille habileté rend la bravoure parfaitement
inutile... Je me demande même si l'on ne finit pas par perdre
tout courage, sans y penser, comme on perd une chose
inutile, sans s'en apercevoir, alors que l'on se sent si bien à
l'abri derrière son épée.

SIMONIN.

Parfaitement.

ROGER.

Ainsi, tenez, vous avez parlé d'Achille et des chevaliers...
Eh bien, mais c'est une étrange façon de louer un homme
que de lui dire qu'il est tout cela; car enfin votre Achille, qui
se précipitait si furieusement dans la mêlée et trouait les
poitrines nues de ses adversaires... eh bien, mais, à bien re-
garder les choses, c'était un lâche, puisqu'il était invulnérable.

SIMONIN.

Dame, je suis assez de cet avis-là.

FLASTIGNAC.

Vous êtes adorable. (Gaston s'arrête et écoute.) C'est un paradoxe.

ROGER.

Et je dirai de même pour vos chevaliers bardés de fer qui
combattaient contre de pauvres paysans vêtus d'un sarrau
de toile .. Il en mourait sans doute, mais ils étaient tous cer-
tains de tuer vingt fois avant que d'être seulement égrati-
gnés... Il y a lâcheté lorsqu'un combat n'est pas égal... Je
me demande donc comment vous parlez de bravoure à propos
de celui-là qui sait si bien se servir de son épée qu'il est
entouré de fer comme un chevalier et invulnérable comme
Achille ?... Parce qu'il se bat et parce qu'il tue ?... Cela
prouve qu'il se sait habile, mais non pas qu'il ne se sent
point quelquefois lâche.

SIMONIN.

Le fait est que c'est bien...

GASTON, sec.

Il ne vous reste plus qu'à me dire que je suis le lâche dont
vous parlez, vous savez.

SIMONIN.

Par exemple... Mais pas du tout !...

ROGER.

Je ne dirai pas cela, monsieur.

SIMONIN.

Là, vous voyez.

ROGER.

Parce que le mot lâche n'est pas toujours vrai... (On sourit.)
Mais il y a un autre mot que je cherche... Ainsi, lorsque deux
joueurs vont s'asseoir à une table et que l'un d'eux est certain de mettre toutes les chances de son côté, on le nomme,
je crois, un voleur. Comment appellerait-on bien un homme
qui agirait de même en allant sur le terrain? .. Je crois que
si ce n'était pas absolument un lâche, ce serait en revanche
tout à fait un assassin... Choisissez.

SIMONIN.

Roger.

FLASTIGNAC.

Mais je ne comprends pas... C'est d'une audace.

GASTON.

C'est l'épilogue de notre conversation d'hier, n'est-ce pas ?
Eh bien, soit, j'accepte.

(Il hausse les épaules.)

SAINT-HAREM.

Mon fils!

ROGER, éclatant.

Qu'avez-vous donc à dire, vous?... Je m'adresse à qui ne
refusera pas de me répondre... Mais n'ayez pas peur, votre
fils est moins en danger de mort que mon père il y a vingt
ans !...

SAINT-HAREM, reculant.

Ah !

ROGER, marchant sur lui.

Dès que l'épée de votre fils ne serait plus entre vous et le
mépris public, pensez à ce que vous deviendriez. . Si cependant vous avez peur, dites-le...

GASTON, entendant ces derniers mots.

Peur? mon père !... Puisque c'était un duel à mort que
vous cherchiez, vous serez satisfait, car vous l'avez trouvé.

ROGER.

J'y compte.

(Il remonte avec Simonin.)

SCÈNE IV.

LES MÊMES, MAUCLERC.

FLASTIGNAC.

Mais alors c'est un suicide.

LE REPORTER.

Oh! pas autre chose.

MAUCLERC.

Monsieur.

SAINT-HAREM.

Ah!

MAUCLERC.

On ne me tuera pas le fils après m'avoir fait tuer le père.

SAINT-HAREM.

Plus bas, je vous en prie.

MAUCLERC.

Si votre fils ose toucher à son rival, c'est juré, je vous traîne publiquement dans vos vilenies et dans votre lâcheté.

SAINT-HAREM.

Monsieur...

MAUCLERC.

Ah! la vie de mon enfant ou votre honneur, choisissez.

(RIDEAU.)

ACTE V

Premier Tableau.

Chez Gaston de Saint-Harem ; le cabinet de travail d'un garçon ;
des meubles un peu dépareillés, mais fantaisistes et de style ;
vastes panoplies aux murs ; un peu partout des portraits et des
bibelots.

SCENE PREMIÈRE.

GASTON, CORVISIER, JOLIBOIS.

CORVISIER.

Ce n'est pas sans peine que nous avons pu régler les
choses selon votre désir ; ces messieurs semblaient vouloir ne
rien abandonner de leurs prétentions... monsieur Simonin
surtout était d'une insistance...

GASTON.

Ah ! monsieur Simonin a consenti à servir de témoin à ce
jeune homme, contre moi... Il eût été peut-être prudent qu'il
s'abstînt de paraître en cette affaire... J'ai déjà trop de motifs
de colère pour qu'il ne soit pas insensé de me faire souvenir
que je suis blessé dans mon espérance comme insulté dans
mon honneur... Soit, enfin .. ils auront voulu m'interdire
jusqu'à la pitié Continuez, je vous prie.

CORVISIER.

Nous avons cependant obtenu tout ce que nous désirions. En présence de nos droits d'insulté énergiquement revendiqués, ces messieurs ont dû s'incliner.

JOLIBOIS.

Ils paraissent être d'ailleurs un peu inexpérimentés, ces messieurs... Le code du duel ne fait certes pas partie de leur bibliothèque...

CORVISIER.

Ce sont évidemment des gens à qui pareille aventure n'a jamais dû arriver. M. Simonin surtout laissait voir une émotion... L'autre était plus maître de lui... un galant homme... C'est à lui, du reste, que nous devons d'avoir pu vous satisfaire... Bref, vous vous battez demain, à six heures; la rencontre aura lieu dans les bois de Saint-Cloud; l'arme choisie par vous est acceptée par vos adversaires : on se battra donc à l'épée.

GASTON.

Il est bien dit, n'est-ce pas, que c'est un duel sérieux?... On ne me croira pas vengé parce que j'aurai piqué le bras de mon ennemi... il faudra que l'un de nous soit vraiment hors de combat.

LE COMMANDANT.

C'est un duel à mort qui est accepté.

GASTON.

Ah ! cela soulage, me voilà tranquille; demain, dans quelques heures, j'aurai puni celui qui n'a pas reculé devant les plus sanglantes insultes ... Oh ! vous étiez là, vous les avez entendues, Richard.

JOLIBOIS.

Oui, c'était follement de parti pris.

GASTON.

Jamais une main ne s'est plus audacieusement posée sur l'honneur d'une famille... Enfin, tout cela sera payé !

JOLIBOIS.

Oui, voilà qui se charge de recouvrer ces dettes-là...

CORVISIER.

Elle est superbe, cette épée.

GASTON.

Oui, c'est monsieur de Saint-Harem qui me l'a donnée.

CORVISIER.

C'est digne de vous et de lui.... Une arme magnifique, que vous avez déjà rendue terrible... il me semble.

GASTON.

Oui.

CORVISIER, à Jolibois.

Il est nerveux, notre ami.

JOLIBOIS.

Oui, l'insulte est grave.

CORVISIER.

Il y a donc un dessous des cartes ?

JOLIBOIS.

Oui ! une petite rivalité d'amour, je pense.

CORVISIER.

Notre adversaire est-il de taille ?

JOLIBOIS.

Je ne crois pas.

CORVISIER.

Et c'est lui qui a provoqué et qui accepte un duel à mort avec notre ami... C'est crâne.

JOLIBOIS.

Oui.

CORVISIER.

Un homme, évidemment.

GASTON, à lui-même.

Décidément, ce Roger est un fou. Parce que je suis son rival, ce n'était pas une raison de m'insulter ainsi jusque dans mon père.... C'est d'amour et non pas d'honneur qu'il devait ète question entre nous. A-t il eu peur que j'aie pitié de lui?... Il n'a cependant rien contre moi ?... Ah ! ce n'est pas seulement ses paroles qui me blessaient, toute sa personne avait un air de dédain et de mépris écrasants... Décidément, je suis stupide. Vous m'excusez, n'est-ce pas ?

CORVISIER.

Mais tout à fait.

GASTON.

Je voudrais être à demain..... Qu'est-ce que je vais faire de ma soirée.

SCENE II.

Les Mêmes, SAINT-HAREM.

SAINT-HAREM.

Ah! vous n'êtes pas seul, mon fils?...

GASTON.

M. Corvisier, M Jolibois, qui me font l'honneur d'être mes témoins.

SAINT-HAREM.

Messieurs, je vous remercie.....

CORVISIER.

C'est à nous aussi que l'honneur est fait.....

SAINT-HAREM.

Vous n'avez pas encore vu les témoins de votre adversaire, je pense ?

CORVISIER.

Je vous demande pardon, c'est au contraire leur réponse que nous apportions à notre ami. Ils ont reconnu que l'injure venait de leur client et se sont mis courtoisement à nos ordres.

SAINT-HAREM.

Ah !

GASTON.

C'est pour demain, à l'épée, dans les bois de Saint-Cloud.

SAINT-HAREM.

J'aurais vivement désiré vous parler, mon fils, avant le départ de ces messieurs.... Enfin, c'est fait..... C'est un duel à mort que l'on vous a accordé ?

CORVISIER.

La rencontre ne peut avoir fin qu'après que l'un des deux adversaires sera hors de combat... C'était le désir de votre fils, et je dois avouer que cela nous a paru être le désir de son antagoniste... il était visible que les témoins faisaient taire leurs sentiments personnels pour obéir à un ordre très-précis...

[SAINT-HAREM.

Ah !... vous n'aviez qu'à vous incliner alors..... Tout est entendu entre vous ?

CORVISIER.

Absolument.

SAINT-HAREM.

Vous m'excuserez donc si je vous demande la permission de dire quelques mots à mon fils.

CORVISIER.

Ah ! nous vous prions de nous croire à vos ordres..... Nous nous retirons.

JOLIBOIS.

Monsieur.

GASTON.

Merci. — A tantôt, n'est-ce pas ?

CORVISIER.

Au Helder.

JOLIBOIS.

Après vous.

CORVISIER.

Salut, messieurs.

(Ils sortent.)

SCÈNE III.

GASTON, SAINT-HAREM.

GASTON, *gaiement affectueux.*

Qu'est ce que vous voulez de moi, monsieur mon père ?

SAINT-HAREM.

Une chose étonnante, que je ne sais trop comment te demander, je l'avoue... Cependant, je ne puis pas me taire... Tu vas bondir évidemment... Enfin, nous raisonnerons après.

GASTON.

Vous pouvez tout me demander, vous le savez bien, car vous devez savoir que vous pouvez tout attendre de mon respect et de mon obéissance.

SAINT-HAREM.

Oui, tu es un brave fils, ma joie et mon orgueil...

GASTON.

Je suis ce que vous m'avez fait, rien de plus. — Qu'est-ce que vous avez à m'ordonner, voyons?

SAINT-HAREM.

Eh bien... c'est difficile à dire, à toi surtout... Je suis venu... enfin, je suis venu te prier de ne pas donner de suites à l'affaire qui t'occupe.

GASTON.

Vous dites ?

SAINT-HAREM.

Je suis venu te prier de ne pas te battre.

GASTON.

Mais vous n'y pensez pas... C'est impossible.

SAINT-HAREM.

Veux-tu me laisser parler ?

GASTON.

Ah ! dites ce que vous voudrez, c'est l'impossible que vous

me demandez. — Mais on nous a insultés, voyons. — Ah !
mon injure, à moi, je la pourrais certes dédaigner. On ne
m'a appelé que lâche, après tout .. et cela, s'adressant à moi,
peut me permettre de sourire et de passer mon chemin en
laissant aboyer... Mais, que l'on vous ait insulté, vous, mon
père, ah ! voilà ce qu'il m'est défendu de pardonner jamais !

SAINT-HAREM.

Quand la parole injurieuse est dite en mon absence, devant
toi, oui... mais j'étais-là, c'est à moi directement que l'on a
parlé... Laisse-moi ce qui m'appartient, je réclame le droit
d'agir à ma guise... enfin, je ne veux pas que tu prennes
ma place.

GASTON.

Vous voulez vous battre, vous ?

SAINT-HAREM.

Je veux ce que je dois vouloir.. je veux surtout que tu ne
me fasses point soupçonner de laisser trop facilement passer
ma cause en des mains plus habiles et plus vigoureuses que
les miennes... Respecte-moi, c'est le meilleur moyen de me
faire respecter.

GASTON.

Mais que me dites-vous donc? Et pourquoi me dire cela
aujourd'hui pour la première fois?... Je me suis déjà battu
pour vous, cependant.

SAINT-HAREM.

Raison de plus pour ne pas te battre une fois encore.

GASTON.

Mais souvenez-vous donc de ce qui s'est passé lorsque je
suis revenu de mon premier duel... C'était pour vous que
j'avais combattu... et vous m'avez pris dans vos bras, et
vous m'avez embrassé en pleurant, et vous m'avez dit : —
C'est bien, celui-là qui touche à l'honneur du père touche au
patrimoine de l'enfant !... Mais ce qui était vrai hier est
encore vrai aujourd'hui : — Toute la famille est insultée
quand un de ses membres est accusé de vilenie ou de
lâcheté !... Nous sommes solidaires, voyons, l'honneur est à
nous deux !... Eh ! vous vous tueriez, si je commettais une
infamie !... et je n'aurais pas le droit de punir celui-là qui

vous attaque devant moi ?... Non, mais voyez-donc où va ce
que vous me demandez : — On vous insulte et je me dé-
tourne, et je dis : tant pis, cela regarde mon père ; moi, je
vais souper !

SAINT-HAREM.

Voyons, je t'en prie...

GASTON.

Et d'ailleurs, c'est bien moi qui suis en cause, allez. —
Cet homme n'est pas votre ennemi, c'est mon rival ; voilà ce
que vous oubliez et ce qui me rend implacable. — Il est
aimé de la femme que j'adore... Vous devez me connaître
assez pour ne pas croire que je suis de ceux-là de qui l'a-
mour docile vient et s'en va comme un valet qu'on com-
mande... J'aime avec toutes mes forces, profondément et sans
pitié ! Et vous me demanderiez la grâce de cet homme qui
me vole toute espérance et tout avenir ?... Ah ! demandez-
moi ma vie, alors, demandez-moi de consentir à mourir lentement de jalousie et de colère... Allons donc, mon ennemi
s'est livré en m'insultant... je l'ai, je le garde... Tenez, ne parlons plus de lui : — il est mort !

SAINT-HAREM.

Gaston... voyons, écoute-moi un peu. Tu ne peux pas
douter de mon amour... il est immense... tu es tout
pour moi... J'ai toujours eu peur, malgré moi, follement et
d'instinct, de ce grand inconnu qui commence à la mort ..
eh bien, pour toi, ah ! certainement, je consentirais à mourir !
Ton amour ?... mais je sais ce qu'il peut être, car j'ai aimé,
jusqu'à la folie... et je connais aussi tes douleurs, va, car j'ai
su ce que c'était que la jalousie et que la colère... Tu veux
tuer ?... J'ai fait peut-être plus que cela !... Parlons d'aujourd'hui seulement... Même après ce que tu m'as dit, je té
prie encore de ne pas te battre.

GASTON.

Parce que ?

SAINT-HAREM.

Tu devrais bien m'obéir sans me questionner... Mais je te
demande de souffrir, voyons, je te demande de pleurer... et
je sacrifierais tout pour ton bonheur... Tu vois bien que c'est
grave.

GASTON.

Mais qu'est-ce qu'il y a donc alors ?

SAINT-HAREM.

Il y a que si tu te bats nous sommes déshonorés.

GASTON.

Par exemple !

SAINT-HAREM.

Ah ! d'abord, toi, tu te livres sans défense à la calomnie. . On saura que c'était un rival, cet homme que tu as frappé sans merci, cet enfant qui ne savait pas tenir une épée... On dira que tu nous as fait insulter publiquement, toi-même, par une ruse quelconque, pour avoir le droit de choisir les armes et que tu lui as imposé celle-là que l'on sait être terrible dans ta main... Ton duel, ce sera un assassinat... Tu as trop souvent prouvé ta science pour qu'on ne t'accuse pas d'en avoir abusé contre un ignorant... tu seras appelé lâche.

GASTON.

Ah ! le premier...

SAINT-HAREM.

Ils le diront tous !... Mais réfléchis donc que depuis vingt ans il s'est amassé trop de colère et d'envie autour de ma fortune grandissante comme autour de ta jeune renommée pour que nous puissions espérer indulgence et pitié au jour de la débâcle. Une fois notre honneur entamé, vois-tu, il s'en ira par lambeaux comme un cadavre déchiré par des chiens... Il est debout parce qu'on n'ose pas y toucher... mais qu'on en arrache une pierre, qu'on le pousse, et tout s'écroulera, et tout ne sera plus que ruine et que poussière.

GASTON.

Mais vous me dites des choses épouvantables !... Mais pour que nous puissions craindre d'être ainsi déshonorés tout à coup, il faut que nous le soyons secrètement déjà... On ne le sait pas, mais nous le sommes !

SAINT-HAREM.

Mon fils.

GASTON.

Mais je n'ai rien fait, voyons, je vous jure que je n'ai rien fait qui soit infamant...

SAINT HAREM.

Ah! je le sais bien ; tu es pur, toi, tu es l'honneur. Mais tu n'es pas seul, il y a moi.

GASTON.

Vous?

SAINT-HAREM.

Eh bien, oui, je te dois la vérité... il manquait cela à mon châtiment, j'accepte... J'ai commis une mauvaise action.

GASTON.

Non, ce n'est pas vrai, non.

SAINT-HAREM

Si, c'est vrai.

GASTON.

Ah! Qu'est-ce que c'est|?

SAINT-HAREM.

Enfin, tu viens de me parler d'amour, de ja'ousie et de colère ; tu me comprendras peut-être... J'étais jeune, j'aimais éperdûment une femme qui me repoussait... et j'avais un ennemi et je voyais cet homme entrer librement dans la maison dont on m'avait ordonné d'oublier le chemin... la rage me prit un jour, je devins fou; il me fallait une vengeance... Je prouvai au mari qu'il était trompé; je me vengeai du même coup de la femme et de l'autre .. On allait la chasser, elle, et lui on allait le tuer... je ne voyais rien de plus... Je te dis que j'étais fou! Un duel eut lieu, ce n'est pas l'autre qui fut frappe !... et j'avais menti.

GASTON.

Ah! mon Dieu, mon Dieu !...

SAINT-HAREM.

Ah ! je te dois tout. — L'autre vint me trouver; son ami e mourait, il lui fallait la preuve de ma calomnie parce qu'il voulait être pardonné de celui que je l'avais forcé de frapper... Je le vois encore devant moi, pâle, implacable, écrasant.—Ah! ce qu'il m'a dit!... Ah! .. j'essayais de résister, de lutter... et je balbutiais seulement .. il y avait quelqu'un là-dedans qui me répétait ses paroles de mépris et de menace..: Quand il a levé la main, je suis tombé à genoux en criant grâce!... Alors il m'a relevé en me prenant au collet, il m'a dicté l'aveu de mon crime... et j'ai signé, quoi, j'ai signé!

GASTON.

Mais il fallait risquer de mourir plutôt que de livrer votre honneur.

SAINT-HAREM.

Oui, il fallait me battre... Je n'ai pas osé.

GASTON.

Vous?

SAINT-HAREM.

Je venais de le voir frapper l'autre... il y avait quelqu'un qui se mourait à deux pas de nous... Tu ne sais pas ce que c'est de penser à la mort quand on vient de commettre une mauvaise action... J'entendais ma conscience qui me parlait de punition... il me semblait que le châtiment m'attendait sur le seuil pour me prendre au collet aussi et pour me jeter je ne sais où... Alors j'ai eu peur de cet homme, quoi, j'ai eu peur de lui parce que j'avais peur de Dieu!

GASTON.

Ah!

SAINT-HAREM.

Tu vois, voilà ce que c'est que de fuir le châtiment d'un crime par une lâcheté... on paie plus cher plus tard... car j'aimerais mieux être mort que d'être ce que je suis aujourd'hui : — un pauvre vieillard qui t'adore et qui se voit forcé de te demander le sacrifice de ton amour et de ta fierté... un pauvre père qui peut-être ne va plus avoir que ton mépris!

GASTON.

Mon père!

SAINT-HAREM.

Eh bien, c'est cela, viens, pleure... pleurons !

GASTON.

Ah ! non, non, je n'ai pas mérité cela...

SAINT-HAREM.

Gaston !

GASTON.

Car c'est épouvantable ce que vous me dites là : — Demain, parce que quelqu'un aura pu montrer que notre honneur avait une brèche, tout le monde se lancera à l'assaut... parce que nous sommes blessés, la curée aura lieu!... et ce sera vrai alors que si je n'avais pas mis mon épée entre nous et le mépris, nous serions depuis longtemps à notre place, dans l'infamie, couchés à terre !... Et pour nous sauver de cela, pour qu'on nous fasse l'aumône du secret, pour que l'on daigne laisser sur nous le voile du silence, il faut que j'accepte l'insulte et que j'abandonne l'espérance... Ah ! c'est trop, vraiment, c'est bien trop !

SAINT-HAREM.

Est-ce que tu ne me trouves pas assez puni, que tu me dis de ces choses-là?

GASTON.

Mais vous m'avez fait brave, moi, mon père !... Ah ! c'est horrible !

SAINT-HAREM.

Oh ! je t'en prie, laisse-toi vaincre... Demain, je serai mort. Les enfants ne sont pas responsables des actions de leur père... on n'aura rien à te reprocher, à toi.. Eh bien tais-toi, attends, laisse-moi mourir, donne-moi la suprème joie de voir un lendemain paisible et respectable... fais-moi la charité de te savoir tranquille après moi!... ou bien tue moi !...

GASTON.

Ah ! que vous devez souffrir aussi !

SAINT-HAREM.

Oui, pour toi surtout...

GASTON.

Allons, j'obeirai.

SAINT-HAREM.

Ah ! merci, tiens, merci.

GASTON.

Oui .. mais laissez-moi, n'est-ce pas ? J'ai vraiment besoin d'être seul.

SAINT-HAREM.

Gaston... tu me promets de ne pas te battre?... tu me jures aussi de ne pas attenter à ta vie.

GASTON.

Mon père !

SAINT-HAREM.

Ah ! tu n'auras pas cette cruauté...

GASTON.

Non, pour vous... Mais laissez-moi, j'ai besoin d'être seul,
vraiment.

SAINT-HAREM.

Oh ! je m'en vais... tu vois, je m'en vais. (Il sort.)

SCÈNE IV.

GASTON , seul.

(Un long silence. — Gaston pleure la tête dans ses mains. — Tout
   à coup il secoue la tête comme pour en rejeter sa pensée et se
   dresse.)

Allons, couche-toi, fierté vaincue, et lèche comme un chien
la main qui t'a frappée !... Je vais demander pardon de l'insulte que j'ai reçue... Après tout, je n'ai rien à dire, on ne
m'a jeté que la vérité au visage; tant pis pour moi si cela
paraît une insulte. Il est évident que c'est à moi de m'excuser après cela. (Venant à la table et trouvant son épée.) Ah! te voilà,
toi, gardienne de l'honneur? Tu vas pouvoir te rouiller
maintenant, la maison est vide ! Et tu me viens de lui !...
Et quand je pense que j'ai tué ! Mon Dieu, oui, j'ai tué ! Mais
j'aurais dû m'enfuir, porter l'insulte comme un forçat la
chaîne .. Et je me redressais follement fier, et je parlais, je
frappais au nom de mon honneur, et je n'avais pas d'honneur !... Ah ! c'est grotesque ! Allons, écrivons. (Un silence.) Fai-
sons des excuses, écrivons.

(Le domestique sort, puis introduit Adrienne.)

SCÈNE V.

GASTON, UN DOMESTIQUE.

LE DOMESTIQUE.

Monsieur ?

GASTON.

Qu'est-ce que c'est?... Ah! c'est vous. Qu'est-ce qu'il y a
encore ?

LE DOMESTIQUE.

C'est une dame qui désire vous parler.

GASTON.

Je n'y suis pas.

LE DOMESTIQUE.

Elle insiste vivement et semble très-émue.

GASTON.

Ah!... Enfin faites entrer.

SCENE VI.

GASTON, ADRIENNE.

GASTON.

Adrienne !... Vous! chez moi, mademoiselle?... Mais qu'est-
que vous voulez? Parlez, dites, je suis à vos ordres; vous
savez bien.

ADRIENNE.

Monsieur... je ne sais plus...

GASTON.

Remettez-vous, voyons.

ADRIENNE.

Non, je vous demande la permission de m'en aller... Je suis
venue malgré moi... c'est une folie qui m'a prise, je ne sais
pas comment.

GASTON.

Il est évident que vous avez cru qu'une parole dite par
vous pouvait me faire faire une bonne action quelconque...
Eh bien, puisque la folie est faite, rendez la utile pour tout
le monde... parlez.

ADRIENNE.

Oui, je parlerai... On peut tout dire, n'est-ce pas, lorsqu'on parle loyalement?... alors il me semble que je puis tout
vous dire.

GASTON.

Ah! oui, dites-moi tout, cela doit être honnête venant de

vous... et cela me fera du bien d'entendre dire loyalement des paroles honnêtes.

ADRIENNE.

Ah! vous ne pouvez être méchant disant des choses pareilles... on vous a calomnié, c'est évident.

GASTON.

Et qu'a-t-on pu dire de moi qui vous semble maintenant une calomnie?...

ADRIENNE.

Mon oncle est rentré tout à l'heure pâle, les yeux gonflés... et depuis hier, il était tout autrement que les autres jours... la peur m'a prise... j'ai bien vu qu'il y avait un malheur possible... et j'ai d'autant plus tremblé que je ne savais pas pourquoi... Tout à l'heure alors, je n'ai rien dit... j'ai eu l'air de ne penser à rien et je suis allée écouter... oh! pour la première fois de ma vie... Alors j'ai tout appris... on vous a insulté, vous allez vous battre.

GASTON.

Ah! c'est pour cela que vous venez?

ADRIENNE.

On a dit une chose horrible... Oh! je suis bien forcée de vous la répéter, c'est cela qui m'a rendue folle et qui m'a fait venir... Il faut bien que vous compreniez, n'est-ce pas?

GASTON.

Dites, allez, rien de vous ne peut me blesser.

ADRIENNE.

Eh bien... c'est que cela est très-méchant, vous savez... on a dit que vous tueriez votre adversaire si vous vouliez et qu'il était certain que vous le voudriez. C'est indigne, voyez-vous! Puisque vous êtes sûr de le tuer, vous ne pouvez pas le tuer, voyons... ce serait un crime.

GASTON.

Alors vous venez me demander sa vie!

ADRIENNE.

C'est donc vrai que vous vouliez le frapper?

GASTON.

Oui!

ADRIENNE.

Ah ! que j'ai bien fait de venir.

GASTON.

Peut-être !

ADRIENNE.

Ah! non... non, vous ne me le prendrez pas, j'en suis sûre...
Je vais si bien vous prier.

GASTON.

Je ne vous le... Ah ! vous me le feriez écraser avec des mots
pareils !...

ADRIENNE.

Pourquoi cela ?

GASTON.

Mais parce que je vous aime.

ADRIENNE.

Monsieur !...

GASTON.

Eh ! comment ne vous aimerait-on pas ?... Mais il n'y a
que vous, la pureté, qui soyez capable de faire ce que vous
venez de faire ? Toute autre ne serait pas venue... elle aurait
entrevu au moins ce que vous n'avez même pas soupçonné...
On m'a cru capable d'un crime, vous m'avez entendu calom-
nier et vous venez me sauver !... Car voilà ce que vous venez
faire, ce que vous pensez venir faire ; vous venez sauver tout
le monde ! Ah ! vous venez bien me faire souffrir aussi.

ADRIENNE.

Moi ?

GASTON.

Mais pourquoi me demandez vous sa vie ?... C'est parcè que
vous l'aimez. Et vous savez que je vous aime !... et vous ne
comprenez pas la douleur que vous m'infligez et la colère
que vous pouvez me donner... Mais si je le laisse vivre...
Ah ! tenez, non. Allez-vous-en, ne me parlez plus... vous me
feriez tout oser, tout braver une fois encore.

ADRIENNE.

Mais on aurait donc dit la vérité, vous pourriez le tuer ?

GASTON.

Ah! dites votre pensée s'il vous plaît ainsi,... Je pourrais
l'assassiner, oui !

ADRIENNE.

Roger !

GASTON.

Mais taisez-vous donc, vous le condamnez à mort... Un crime, oui, j'accepterais plutôt de commettre un crime que de permettre son bonheur... Quoi, vous venez me demander sa vie et vous venez faire admirer votre grâce et votre pureté ! Vous venez m'enivrer de votre parfum, m'éblouir de votre rayonnement, et vous osez me dire après : Laisse-le vivre, tout cela est à lui, tout cela est pour lui !... Ah ! jamais ; la honte, le déshonneur, la mort, oui, mais jamais cela, jamais !

ADRIENNE.

Vous le frapperez ?

GASTON.

Eh bien, oui, tant pis !

ADRIENNE.

Mais qu'espérez-vous donc de sa mort ?... Parce que je l'aime ?... mais ce n'est pas sa faute et ce n'est pas la mienne... nous sommes fiancés depuis le berceau !. . Et quand vous me l'aurez tué, qu'espérerez-vous donc ?... Croyez-vous que je l'oublierai ?... Parce que vous m'aurez fait souffrir, espérez-vous que je vous aimerai ?

GASTON.

Ah ! lui mort...

ADRIENNE.

Mais vous serez chassé même de mon estime... et ce sera tout. Alors vous croyez comme cela qu'en le tuant vous semez de l'espérance pour vous... Eh bien alors, qui suis-je, et comment osez-vous dire que vous m'aimez, si vous me croyez capable de venir jamais à vous après avoir rêvé d'aller à lui ?... Mais vous en aimeriez donc une autre un jour, vous, si je vous aimais et si l'on me tuait ?...

GASTON.

Ah ! finissez...

ADRIENNE.

Alors, voilà ce que je suis pour vous... une esclave que le vainqueur emporte... Ah ! vous pouvez dire à présent que vous m'aimez, vous ne m'estimez pas assez pour que cela puisse me faire quelque chose.

GASTON.

Vous l'aimez trop !... Prenez garde, vous me rendez fou !. .
Mais ne me bravez donc pas... avant que de le tuer, je pour-
rais le désespérer. Ah! je vous tiens, vous êtes chez moi...
Je puis mourir demain...

ADRIENNE.

Monsieur...

GASTON.

Et je n'ai plus d'honneur à perdre.

ADRIENNE.

Je vous prie de me laisser passer. (Gaston se courbe lentement,
et se range en s'inclinant.)

GASTON.

Passez. (Adrienne sort.) Ah ! pureté !

SCENE VII.

GASTON, seul.

Ah! je l'aime trop !. . Tant pis !... Mes excuses? (Déchirant sa
lettre, puis saisissant son épée.) Jamais ! Celui qu'elle aime doit me
tuer ou mourir.

(La toile baisse. — On frappe les trois coups. — Pas d'entracte.

Deuxième Tableau.

La Celle Saint-Cloud.

SCENE PREMIERE.

SAINT-HAREM et son DOMESTIQUE.

FRANÇOIS.

Monsieur, nous voici arrivés à ce qu'on appelle... le carrefour d'Avray.

SAINT-HAREM.

Tu ne te trompes pas !

FRANÇOIS.

Oh ! monsieur, je connais le pays !... j'y ai été en maison,
pendant deux ans !

SAINT-HAREM.

Très-bien !

FRANÇOIS.

Voyez-vous, monsieur, il y a deux routes : celle que
nous avons prise, par Saint-Cloud, puis celle de Long-
champs...

SAINT-HAREM.

Oui. Alors regarde de ce côté... pendant que moi.

(Il tombe de fatigue sur un tertre.)

FRANÇOIS.

Oh! oui, monsieur, reposez-vous un instant, vous devez
être bien fatigué!

SAINT HAREM.

Tu dis, que tu l'as vu sortir ce matin à cinq heures... seul,
à pied.

FRANÇOIS.

Oui! monsieur... Je venais de rentrer son cheval à l'écu-
rie... Et puis dans la rue il a fait signe à une voiture de place...
et en montant, son paletot s'est accroché, et il m'a semblé
voir...

SAINT-HAREM.

Des épées!

FRANÇOIS.

Oui, monsieur.

SAINT-HAREM.

Oui, bien, regarde, regarde. (François se met aux aguets dans le
fond.) Il ne m'a pas obéi! Et j'avais sa parole cependant...
j'avais son serment!... Que s'est il passé? c'est son amour
qui l'emporte!... Il n'a pas même pensé à me faire l'aumône
d'un mensonge! Notre honneur n'est rien au prix de son
amour! c'est évident!... il accepte la honte plutôt que le
désespoir... Eh bien, François, aperçois-tu quelqu'un?

FRANÇOIS.

Non, monsieur!

SAINT-HAREM.

Mon Dieu, me serais-je trompé! Ce matin seulement je me
suis rappelé le nom de ses témoins. Oh! quelle nuit j'ai
passé, quelle nuit!... Voyons... ma raison, ma mémoire ne
me trompent pas! Oui!... oui, c'est bien au carrefour d'Avray,
à six heures... c'est cela qu'ils m'ont dit... mais il y a deux
routes... Je ne puis tenir en place!... François, veille de ce
côté, et si tu le vois venir!

FRANÇOIS.

Qui, monsieur Gaston?

SAINT-HAREM.

Oui, mon fils; appelle-moi... appelle-moi... Ah! qu'il
vienne donc... qu'il vienne... et que je me jette entre leurs
épées.

(Il sort vivement comme un fou.)

FRANÇOIS, seul.

Pauvre monsieur de Harem, en voilà un qui aime son fils !
A sa place, je ne me ferais pas tant de chagrin, car monsieur
Gaston est bien tranquille, lui... Ah ! voici quelqu'un.

(Il se cache pour observer.)

SCENE II.

SIMONIN, ROGER, MAUCLERC.

SIMONIN.

Nous devons être arrivés, je crois ?

ROGER.

Eh bien, attendons.

MAUCLERC.

Tu n'as pas froid ?

ROGER.

Non, merci. Je suis très-bien.

SIMONIN.

Je regarde s'ils viennent, n'est-ce pas ?

ROGER.

Regardez.

MAUCLERC.

Ah ! s'ils pouvaient ne pas oser venir !...

ROGER.

Je ne crois pas... J'ai dit ce qu'il fallait dire pour les forcer
à ne pas manquer au rendez vous que je leur demandais...
ils viendront !

MAUCLERC.

Mon enfant !...

ROGER.

N'ayez pas peur, il ne peut rien advenir que d'heureux pour
moi, puisque dans une demi heure je serai mort et je ne pen-
serai plus, ou bien mon père sera vengé !...

MAUCLERC.

Ah ! si tu avais voulu me laisser libre...

ROGER.

Ne parlons plus de cela.

MAUCLERC.

Mais que veux-tu faire des papiers que tu m'as demandés ?

ROGER.

Je ne sais pas encore. . Enfin, j'ai voulu être le juge suprême de mes actions... Vous avez reconnu mon droit .. n'en parlons plus.

SIMONIN.

Voilà ces messieurs.

ROGER.

Enfin !

MAUCLERC.

Ils sont venus !... Ah s'ils me le tuent...

SCENE III.

LES MÊMES, GASTON, CORVISIER, JOLIBOIS.

(Ils arrivent sur le terrain et saluent. — Les témoins de Roger vont au devant des témoins de Gaston)

CORVISIER

Nous sommes exacts, messieurs.

JOLIBOIS.

Six heures, vous voyez.

SIMONIN.

C'est parfaitement exact.

(Mise en scène d'un duel sérieux ; les témoins parlent bas ; choix des épées ; on cherche le bon endroit où placer les adversaires. — Roger, tout à coup, va dire un mot à Jolibois qui consulte ses amis et remonte vers Gaston auquel il parle bas)

ROGER, allant vers Gaston.

Deux mots, monsieur.

GASTON.

Pourquoi faire?

ROGER.

Je ne devrais pas vous parler à cette heure, je le sais ..
mais je vous prie cependant de m'écouter ; c'est grave.

GASTON.

Enfin !

ROGER.

Ne craignez rien, je ne vous ferai pas d'excuses.

GASTON.

Vous ne m'en demanderez pas davantage.

ROGER.

Ne perdons pas de temps à railler .. il s'agit de l'honneur
de votre père.

GASTON.

Plus bas... parlez bas, je vous en prie.

ROGER.

Je sais ce qui s'est passé entre votre père et mon tuteur...
je sais que vous risquez votre honneur pour répondre à mon
insulte... Si vous me tuez, si vous me blessez seulement,
vous êtes perdu !

GASTON.

Je vais bien me battre quand même, allez !

ROGER.

J'y compte... Mais dans les conditions présentes le combat
n'est pas loyal... je ne risque que ma vie et vous risquez,
vous, votre vie et celle de votre père, l'honneur avec... Il ne
me plaît pas qu'au moment de me frapper, si vous pouvez !...
votre main tremble ! Tenez, voilà tout ce que l'on pourrait
produire pour déshonorer votre père !...

GASTON.

Monsieur.

ROGER.

Prenez, cachez-la, déchirez tout... et ne craignez plus
rien... Nous pouvons maintenant nous battre à mort sans
trembler !... Silence !

(Il remonte)

GASTON.

Ah ! c'est cela qui me déshonore, c'est cela plus que tout
le reste.

JOLIBOIS.

Quand il vous plaira, messieurs.

GASTON.

Je suis à vos ordres.

MAUCLERC.

Que viens-tu de faire ?

ROGER.

Rien, mon devoir.

(On place les adversaires, les témoins prennent leurs positions.)

MAUCLERC.

Allons, c'est l'heure du courage.

CORVISIER.

Allez, messieurs.

(Combat entre Gaston et Roger — Silence de mort où l'on ne perçoit que le choc des épées. — Tout à coup, Gaston se découvre, fait un pas en avant et reçoit l'épée de Roger en pleine poitrine. — Cri général. — Saint-Harem accourt vers son fils.

MAUCLERC.

Ah ! le malheureux ! Il s'est fait tuer !

SCENE DERNIERE.

LES MÊMES, SAINT-HAREM.

SAINT-HAREM, s'élançant vers son fils.

Gaston, mon fils, mon pauvre enfant !

GASTON.

Ah !... Eloignez-vous, vite, vite ; il faut que je parle à mon père... Allez.

SAINT-HAREM.

Mais ton sang coule... Tu ne vas pas mourir, j'espère ?... Je ne veux pas que tu meures, voyons, je ne le veux pas.

GASTON.

Oui, mais moi... moi, j'ai voulu !

SAINT-HAREM.

Au secours, vite, par pitié !...

GASTON.

C'est inutile, je suis mort! Tenez, vite, prenez cela; cachez cela; prenez.

SAINT-HAREM.

Cela?... Ma letttre, mon aveu!...

GASTON.

Silence...

SAINT-HAREM.

Comment, tu meurs?... Ah ! celui-là qui t'a frappé !... (Il se retourne et voit Roger, pâle, l'épée à la main, soutenu par Mauclerc.) Ah ! oui, c'est vrai ; oui, c'est lui.

GASTON.

Il a vengé son père, et moi, j'ai racheté l'honneur du mien... Adieu !

SAINT-HAREM.

Gaston... Eh! bien, mais... mais quoi donc?... Parle, regarde-moi si tu ne peux pas parler. Gaston?... Allons donc, ce n'est pas vrai... il n'est pas mort!... Mais regardez-le, voyons. J'en étais sûr... son cœur bat... Je le sens battre encore, son noble cœur... il bat !... il... il ne bat pas! (Se redressant comme pour blasphémer, mais achevant son cri douloureusement.) Ah !... Ah! justice, comme tu frappes fort!

(Il tombe, vaincu, écrasé, sur le cadavre de son fils.)

(La toile tombe.)

FIN

Paris. — Typ. Walder, rue Bonaparte, 44.